MES PREMIERS PAS VERS LA GESTION DE LA COLERE

Hermann KFODJO

MES PREMIERS PAS VERS LA GESTION DE LA COLERE

Exprimer sa colère sans agression et faire
face à une personne agressive

Préface de Mgr Patrick NGUEMA EDOU

Du même auteur :
-    *Mes premiers pas vers la gratitude. Un chemin pour faire de la gratitude une habitude de vie*, 2020.

*A ma famille
avec toute ma profonde gratitude.*

SOMMAIRE

Préface

Quel que soit le lieu où l'on se trouve, nous faisons face à des situations de violence. La violence est présente parmi nous et se manifeste sous plusieurs formes, qu'il s'agisse de violences physiques, de violences verbales, voire même psychologiques. Chacun de nous dans son quotidien en fait l'expérience. Autour de nous, dans les familles, les entreprises, les systèmes éducatifs et les réseaux sociaux nous pouvons mesurer son ampleur et constater les dégâts.

On peut tous s'accorder sur le fait que la violence peut avoir plusieurs causes. Cependant, une grande partie de cette violence est en fait le fruit des émotions mal gérées, plus spécifiquement la colère. En effet, la colère sème des graines de peur, de haine, de vengeance, de ressentiment, de rancune dans le cœur des personnes ; avec toutes les conséquences qui vont avec (violences, jugements, dépression, hypertension, mal gastrique, maladies cardiovasculaires…). L'une des maladies de notre siècle qui touche une grande partie de la population mondiale est bien celle de l'incompétence en matière de gestion des émotions. Il est évident aujourd'hui que notre système éducatif, en privilégiant le développement des compétences verbales et du raisonnement logique, a souvent négligé l'importance de cultiver des relations harmonieuses, que ce soit au sein de la famille, au travail ou dans la société en général.

Tout au long de mon existence, j'ai vu des drames qui se sont produits parce que des personnes en colère se sont laissées aller à leurs émotions. En colère, elles ont posé des actes qui ont conduit à de lourdes conséquences. Combien de familles se sont divisées parce que les parents ou enfants devenus adultes se sont dits de paroles méchantes parce qu'ils étaient en colère ? Combien de personnes se sont retrouvées en prison après avoir commis un acte parce qu'elles étaient en colère ? Combien de personnes ont perdu leur emploi ou ont perdu un contrat parce qu'elles n'ont pas su gérer leurs colères ? Combien d'amitiés, de relations, et autres perdues parce que les gens n'ont pas su ou pu apprivoiser leurs colères ? Si nous pouvons tous déplorer de tels dénouements, on note tout de même une insuffisance de structures d'accompagnement ou une faible implication des personnes dans un apprentissage à mieux gérer la colère.

Pour apporter sa contribution, *Hermann KFODJO*, à travers son livre intitulé *Mes premiers pas vers la gestion de la colère*, propose dans un langage simple, cohérent et avec des exercices pratiques, un cheminement pour apprendre à apprivoiser sa colère au quotidien et interagir avec des personnes agressives en gardant sa bienveillance. Inspiré par diverses expériences dans son travail de formation et d'accompagnement, il partage avec ses lecteurs une réelle connaissance de la colère, où chacun est amené à ne plus avoir peur de cette émotion méconnue, mais à prendre conscience du message qu'elle nous envoie pour la transformer de manière positive et l'utiliser de manière constructive. Il nous apprend à faire la différence entre son expression et son utilisation.

J'ai été étonné de voir qu'elle est à l'origine de bien de changements dans notre société. Peut-être est-ce parce qu'elle est méconnue et par conséquent mal aimée qu'on se méfie d'elle ? Il suffit de penser à un Nelson Mandela, à un Martin Luther King et à un Gandhi qui ont su mettre leur colère au service de la lutte pour le respect des droits humains, pour être davantage incité à apprendre à l'apprivoiser. Pour permettre à chacun de ne plus juger la colère, *Hermann KFODJO* donne des clés pour exprimer sainement la colère et nous montre comment interagir avec une personne agressive, sans tomber dans un cycle de violence. Enfin, il partage avec nous quelques stratégies pour l'apprivoiser lorsqu'elle est présente et encore pour la prévenir.

Dans mon travail de pastorale, j'ai été confronté à plusieurs situations nées de la colère mal exprimée. En lisant avec beaucoup d'attention ce livre, j'ai été fier de voir qu'en faisant des premiers pas comme un enfant, chacun de nous peut apprendre à mieux reconnaître, gérer et exprimer sa colère afin de vivre harmonieusement avec soi-même et son environnement. Le fait de l'avoir écrit sous la forme d'un dialogue entre deux personnes, donne au lecteur la possibilité de se mettre dans la peau du personnage et de voir comment apporter de petits changements dans sa propre vie.

C'est avec grand enthousiasme que je recommande vivement la lecture de ce livre et l'application des exercices pratiques. C'est par cette pratique que nous allons installer de nouvelles habitudes en matière de gestion de la colère. Il s'agit donc pour nous d'un premier pas important vers la paix, la bienveillance et l'amour qui nous sont tous chers et vers la création de relations harmonieuses et durables qui nous conduisent à un épanouissement commun.

Mgr Patrick NGUEMA EDOU, CSSp
Chercheur associé en Cultures et comportements sociaux et en Sciences de l'éducation

Remerciements

J'exprime ma profonde gratitude à tous ceux qui, au jour le jour, me soutiennent dans mes expériences de gestion des émotions, et plus particulièrement celle de la colère.

Je témoigne ma reconnaissance à Claude TAKEUNE, Dupin CHETCHOUA et Emmanuel SIMO pour la relecture de ce livre.

INTRODUCTION

« Lorsque quelqu'un te met en colère, sache que c'est ton jugement qui te met en colère. »
Épictète

Dans notre vie de tous les jours, la colère est essentiellement liée à la violence. Peut-être, parce que le comportement des personnes autour de nous, si ce n'est le nôtre, nous le montre. Or, la réalité est bien différente, la colère n'est qu'une émotion. Il est important de faire la différence entre l'émotion ressentie et les comportements que nous allons avoir à la suite de cette colère. Est-ce parce que la colère est mal connue, et par conséquent mal apprivoisée qu'il en est ainsi ?

Colbert est un jeune homme de 40 ans, marié à Camille avec qui ils ont 2 enfants. Martin a 14 ans et Michelle 10 ans. Colbert a un emploi qui le met en relation constamment avec des clients, et en plus, gère une équipe de 5 personnes. Cela fait 5 mois qu'il vit un stress chronique au boulot et a du mal à tenir. En famille, ce n'est pas évident avec ses enfants qui viennent d'entrer dans l'adolescence. Les enfants demandent de plus en plus d'autonomie et de liberté ; ce que Colbert a du mal à accepter, puisque les résultats scolaires ne sont pas satisfaisants pour lui. Il se souvient des jours où tout n'était pas si difficile pour lui, et a du mal à apprécier ses crises répétées de colère, et pire encore de voir que ses enfants sont aussi pris dans ce piège. Ce qui ne veut pas dire que Camille est épargnée, elle est moins sujette à des explosions de par son éducation, mais elle en souffre aussi.

Nous sommes dans une nouvelle semaine, Colbert est à sa troisième explosion de colère au boulot avec ses collaborateurs, et à la cinquième en famille. Il en souffre énormément, d'autant plus que cela affecte son état de santé. Lors d'une conversation avec un de ses amis, ce dernier partage avec lui son expérience d'un coaching sur la colère. Triste de sa situation, Colbert décide de se faire accompagner pour mieux apprivoiser sa colère. Il veut agir autrement, il n'en peut plus, car non seulement il a des problèmes de santé, mais aussi ses relations sont de plus en plus difficiles. Même si hausser le ton lui permet d'obtenir parfois ce qu'il veut, il se dit en lui-même que cela est catastrophique pour lui sur le long terme. Fier d'avoir trouvé une solution, il se dit que si cela est intéressant pour lui, il partagera son expérience avec sa famille, qu'il aime beaucoup. Ce sera ainsi un moyen pour lui de s'exercer davantage, en apprenant à d'autres personnes. Il se rappelle que son enseignant au lycée lui disait qu'on apprend mieux quelque chose en l'enseignant à une tierce personne. Il est plein d'espérance et content de recevoir le soutien de sa femme Camille, qui a hâte de voir elle-même ce changement de relation au sein de la famille. Tout excité de commencer cette nouvelle expérience, il pense déjà aux nombreux bénéfices pour lui, sa famille et ses collègues. Se souvenant du fait que d'autres personnes voudraient aussi apprivoiser leur colère, il décide de partager cette expérience avec toi, en racontant quelques épisodes riches d'enseignements qu'il a vécus.

Un nouveau jour se lève pour moi, je suis tout excité de faire la connaissance de César. Mon ami m'a parlé des progrès qu'il a fait dans l'expression saine de sa colère, mais surtout comment il arrive à faire face à des personnes agressives, depuis qu'il se fait accompagner par César. C'est notre première rencontre, je suis tout de même surpris par l'homme. Je me demande bien, si c'est lui qui va m'aider à voir clair dans mes explosions de colère... à mieux vivre mes colères. Comment cela va-t-il se passer ? Tout ce qui m'intéresse, c'est d'arriver à mieux gérer ma colère, à garder une meilleure maîtrise de moi-même. Surtout au boulot où, j'ai perdu récemment le renouvellement d'un contrat, parce que j'ai explosé de colère et que le partenaire n'a pas toléré mon attitude. Je fais le choix de me laisser guider et de l'écouter attentivement. Nous avons passé près de 30 minutes à faire connaissance et à échanger sur les modalités pratiques. Au bout d'une heure d'échange avec lui, nous étions d'accord que nos rencontres allaient m'aider à mieux apprivoiser ma colère, à faire d'elle une alliée, à transformer cette énergie en une énergie positive pour passer à l'action et susciter le changement voulu. Elles m'aideraient également à exprimer ma colère de manière appropriée et à faire face à des personnes agressives tout en gardant ma sérénité. J'allais probablement vivre un changement qui allait avoir un grand impact sur ma santé, la qualité de mes relations et me permettre ainsi de devenir une meilleure personne. C'était donc le changement ultime que j'allais accomplir dans ma vie pour les prochains mois, et qui allait avoir un impact pour les années à venir, dans plusieurs domaines de ma vie. C'est également à ce moment qu'il me rappelait que les émotions sont utiles à notre développement humain et n'arrivent pas dans notre vie par hasard. Il ajoutait que chaque émotion a une information utile à nous transmettre, sur ce qui se vit à l'intérieur de nous instant après instant. Aussi, poursuivait-il, dans ce contexte, gérer ses émotions ne veut pas dire les combattre ou les nier, et encore moins les contrôler, mais c'est savoir les reconnaître, les accueillir, comprendre leurs mécanismes et écouter le message qu'elles ont à nous transmettre afin d'apporter une réponse adéquate, de passer à l'action. C'est donc dans ce sens que nous parlerons de la gestion de la colère avait-il conclu.

Je lui manifestais également ma difficulté à pratiquer les exercices seuls dans ce genre d'accompagnement. J'étais surpris par la compréhension qu'il manifestait à mon égard, et cette phrase qu'il me dit : « Je vais te montrer la voie, et c'est à toi de faire les efforts pour arriver jusqu'au bout. Ce sont ces petits efforts cumulés chaque jour qui rendront possible cette transformation que tu recherches. Et si, à un moment c'est difficile de pratiquer l'exercice, quand cela te reviendra à nouveau à l'esprit, fais-le tout de suite. » C'est avec des mots d'encouragement de sa part que nous nous sommes séparés en gardant en mémoire la date de notre prochain rendez-vous.

C'est avec un énorme enthousiasme que je racontais le soir, cette première rencontre à ma femme. Et c'est cette excitation qui m'accompagnait tout au long de l'attente du prochain rendez-vous.

Exercice pratique : Prendre conscience de ses moments de colère en journée.

Le but de cet exercice est d'évaluer le nombre de fois qu'on ressent la colère en journée.

Prête attention s'il t'arrive de ressentir de la colère et fais ceci :

1. Compte de 10 à 0 (par ordre décroissant) en silence et doucement.

2. Comment te sens-tu à présent ?

3. Attribue une note à l'intensité de ta colère, avant le décompte, de 1 à 10 (1 étant le minimum et 10 le maximum).

Tu peux faire cet exercice sur une longue période et évaluer le changement.

Chapitre

Mon expression de la colère

« Le mot de colère peut être exprimé en quelques secondes, mais ceux qui l'ont entendu s'en souviendront éternellement. » Thomas Gatabazi

Ma première séance s'était déroulée avec joie et j'étais impatient de retrouver César ce jour-là. Bien que je n'aie pas encore remarqué de changement concret dans ma vie, l'enthousiasme suscité par ce nouvel accompagnement m'avait permis de constater que j'exprimais ma colère différemment. J'avais déjà plusieurs questions en tête et j'étais curieux de découvrir ce que nous allions aborder. Notre rencontre approchait rapidement, car j'étais déjà arrivé au lieu convenu.

Nous sommes assis, notre séance de travail va débuter. J'ai une multitude de questions à poser à cette séance, je m'abstiens un petit moment. C'est aussi l'occasion pour moi de travailler mon écoute. César a aussi prévu de me rassurer sur quelques points concernant la colère. Après un échange bref sur mes questions, César a continué avec les premiers éléments qu'il avait préparés pour la séance.

Colbert, la colère est une source d'énergie pour changer et faire changer les choses, pour se lancer dans l'action. Et par conséquent elle nous est utile. Elle fait partie de la vie. Combien notre vie n'aurait pas la même coloration si nous ne la ressentions pas. Tu peux témoigner par ton expérience que c'est parfois après ces colères qu'on se connait mieux ou même qu'on découvre l'autre. Et combien les progrès réalisés dans ce monde, dans divers domaines, sont les fruits des colères que certaines personnes ont ressenties. Il ne s'agit pas de faire l'éloge de la colère, mais de la comprendre pour mieux s'en servir. En fait, notre grand challenge réside dans le fait de mettre cette énergie au service de la vie, autrement dit, de la transformer en une énergie positive pour le changement. Alors que la plupart des manifestations de la colère sont néfastes, faute de notre bonne gestion, elles ont des bienfaits et nous sont très utiles. Par exemple, la colère qu'a ressenti Martin Luther King face à la ségrégation raciale aux Etats-Unis, lui a permis en définitive de devenir un farouche et grand défenseur des droits de l'homme. Il a su transformer sa colère en une énergie positive pour le changement. Combien de personnes autour de toi, parce qu'elles ont eu marre de certaines situations, se sont données à fond pour une cause ?

Laisse-moi te conter une petite histoire, car tu sais, les histoires enseignent beaucoup et on les retient plus facilement.

> C'est l'histoire d'un petit garçon qui avait mauvais caractère (il se mettait facilement en colère et l'exprimait avec agressivité). Son père lui donna un sac de clous et lui dit qu'à chaque fois qu'il agirait avec agressivité, il devrait planter un clou derrière la clôture.

Le premier jour, le jeune garçon planta une vingtaine de clous derrière la clôture. Les semaines qui suivirent, à mesure qu'il apprenait à apprivoiser sa colère, il plantait de moins en moins de clous derrière la clôture. Il découvrit qu'il était plus facile d'apprivoiser sa colère que d'aller planter des clous derrière la clôture...

Le jour vint où il ne planta pas de clous toute la journée. Il avait appris à garder la bonne humeur toute la journée. Il avait appris qu'il pouvait ressentir la colère sans l'exprimer avec agressivité. Après avoir informé son père, ce dernier lui suggéra de retirer un clou chaque jour où il apprivoiserait sa colère. Les jours passèrent et le jeune homme pût finalement annoncer à son père qu'il ne restait plus aucun clou à retirer de la clôture.

Son père, fier des progrès réalisés, le prit par la main et l'amena à la clôture. Il lui dit : « Tu as travaillé durement mon fils, mais regarde tous ces trous dans la clôture. Elle ne sera plus jamais la même. À chaque fois que tu agis avec agressivité, cela laisse des cicatrices exactement comme celles-ci. Tu peux enfoncer un couteau dans un homme et le retirer, peu importe combien de fois tu lui diras être désolé, la cicatrice demeurera pour toujours. Une explosion de colère peut-être aussi néfaste qu'une offense physique.

Il venait avec ces phrases de réveiller en moi une multitude de nouvelles interrogations. Et dire qu'on a enseigné depuis petit que la colère était mauvaise, que je dérangeais lorsque je me mettais en colère, que je n'avais pas le droit d'être en colère face à un parent, que j'étais laid lorsque j'étais en colère... J'aurais l'occasion de le questionner sur ces phrases. Un sentiment de curiosité naissait en moi et une envie d'en savoir plus. Je continuais à être fier d'avoir fait le choix de l'accompagnement.

Après avoir raconté l'histoire, il était temps pour lui de parler des points importants du sujet du jour. Il m'invitait donc à aborder les différentes expressions de la colère. Colbert, comment manifestes-tu souvent ta colère, me demandait-il ?

Hum ! Lorsque je suis en colère, ce sont des éclats de voix, des menaces, même physiques quelquefois, évidemment des reproches, critiques, injures… J'ai du mal à contrôler mes paroles et mes actes en ce moment, surtout quand je m'estime supérieur à la personne. Tu t'imagines bien que quand c'est envers les enfants, je mets la main sur eux, ce serait bien qu'ils changent n'est-ce pas ?

Je comprends que quand tu es dans une position de « supériorité », tu déverses ta colère sur l'autre qui probablement va se soumettre. Tu te dis qu'il mérite de souffrir pour ce qu'il a fait.

Bien sûr, je ne vais pas bagarrer ou injurier mon patron ou les personnes qui sont supérieures à moi de manière ouverte… Il faut bien savoir à qui dire tout cela.

C'est à ce moment-là que César entreprit de partager avec moi les différentes expressions de colère rencontrées. Je venais de comprendre que mon expression de colère était « la colère exacerbée ». C'est celle qui entraîne une escalade de violence en corrompant très souvent la relation. Bien qu'elle nous permette d'obtenir souvent ce que l'on veut, surtout dans la mesure où nous avons une position d'autorité ou de « supériorité », elle est malheureusement peu efficace sur le long terme et dans le maintien du lien social. Les autres par peur vont céder ou se soumettre. Certains attendront le jour qu'ils seront en position de puissance pour se rebeller. C'est le cas par exemple des enfants qui, devenus adolescents ou adultes, se rebellent ou n'acceptent plus la position de victime. Les parents les traitent de têtus ou d'irrespectueux. Or parfois, c'est juste qu'ils sont devenus assez grands pour exercer un contre-pouvoir, ou du moins ils n'ont plus peur de recevoir une punition s'ils n'obtempèrent pas. Et combien de parents et d'enfants souffrent de cette situation. Cela arrive aussi en milieu professionnel.

Et moi de profiter de ce qu'il vient de me dire pour lui raconter cette scène très répandue en famille. Un évènement s'est produit et l'enfant est en pleurs, parfois c'est moi qui ai tapé l'enfant parce que je juge qu'il s'est mal comporté.

Moi adulte ou aîné, ne supportant pas les pleurs de l'enfant, je vais lui demander de fermer sa bouche sinon je vais le taper encore. C'est ainsi que je vais manifester ma colère, soit par des menaces verbales, soit par des menaces physiques.

Oui Colbert, cette situation est souvent tragique quoiqu'elle marche, puisque par peur de nouvelles représailles, l'enfant arrête de pleurer. Elle a aussi de conséquences néfastes. En effet, moi adulte ne supportant pas les pleurs ou cris de l'enfant, je vais les voir comme la cause de ma colère ou de mon irritation, ou comme quelque chose qui peut menacer mon équilibre ou ternir mon image de « bonne personne » quand nous sommes en public. Et je me dis que c'est en le frappant ou menaçant que je peux retrouver la paix ou garder mon image. Non seulement j'ignore la souffrance de l'enfant, mais je lui apprends qu'il doit se couper de sa souffrance s'il veut être accepté dans sa communauté. Qu'il n'a pas le droit de la manifester en public au-delà de ce que l'autre peut supporter. Moi adulte, j'ai du mal à accueillir cette irritation stimulée par les pleurs de l'enfant ; laquelle irritation traduit peut-être le fait que j'ai besoin de tranquillité ou de calme. C'est aussi pire quand nous le faisons juste pour éviter les jugements des autres. Ils pourront me traiter de mauvais parent ou dans le cas de l'aîné, les parents pourraient me punir à mon tour, si on te voit pleurer ou t'entend crier juste pour ça. Quel cycle infernal de violence nous vivons, faute d'outils !

Continuons notre sujet. Une autre attitude est « la colère inhibée ». Elle est plus présente chez ceux qui ont un « sentiment d'infériorité ». Imagine, lorsque tu es dans ton explosion de colère, ton interlocuteur peut garder le silence par peur de représailles. Penses à toute la colère qu'un enfant, devant un parent autoritaire, peut accumuler ou une femme devant un mari colérique. Ce type de colère est la plus dommageable pour notre santé quand on la vit régulièrement. Comme on le dit souvent, tu rumines au point de tomber dans la dépression avec des pensées très sombres sur toi ou sur l'autre. Et ce qui se passe dans ce cas, c'est que l'autre profite de cette situation pour avoir ce qu'il veut ; et nous, par peur de ne pas être aimable ou encore d'être ignoré ou rejeté, nous nous soumettons. Nous accumulons ainsi des frustrations qui certainement un jour vont exploser ou imploser. C'est comme l'image de la cocotte-minute ou encore notre fameuse expression : « c'était de trop » ou « la goutte d'eau qui a fait déborder le vase ». Je ne méconnais pas que parfois, se taire dans certaines situations est bénéfique pour nous. Imagines que tu es face à une autorité ou même ton supérieur hiérarchique, il peut arriver que tu ressentes de la colère face à une situation et tu choisis le silence pour ne pas empirer la situation. Peut-être que tu reviendras plus tard si c'est possible ou tout simplement tu trouveras quelqu'un avec qui parler pour gérer cette colère ou encore tu mettras en place d'autres stratégies. Cependant, il est important de veiller à ce que cette colère inhibée ne se transforme pas en colère exacerbée. « Comme on le dit en programmation neurolinguistique avec l'expression « le retour du refoulé » qui se décrit par les « 4 dragons de la passivité » : 1er dragon : la frustration – la colère est inhibée. Vous avez l'impression de subir la pression ou la volonté des autres. Vos propres besoins ne sont pas pris en compte. Avec le temps, le 2ème dragon émerge : le remords. Vous vous en voulez à vous-même de n'avoir rien demandé ou de ne pas avoir réagi. Vous vous auto-dévalorisez. Puis surgit le 3ème dragon, l'irritation. Vous sentez monter la rage en vous. Vous interprétez tous les comportements des autres sous un prisme négatif. Si cette irritation n'est pas stoppée, le 4ème dragon, le désir de vengeance s'impose. Ce désir se transforme en actes destructeurs, contre autrui, contre soi, contre des objets, contre d'innocentes victimes. »[1] Tu peux donc voir cette attitude dans ta famille ou au bureau avec tes collègues... On se comprend ?

Oui, je comprends cela. Devant mon patron cela m'arrive aussi. Mais tu sais parfois, il y a des gens qui te disent des choses et cela te piquent

---

[1] Nathalie DEBERANT, Jean-Louis MULLER, Emmanuel PORTANERY, Catherine TOURNIER, Transformez votre colère en énergie positive ! Poser les limites et se faire respecter, Groupe Eyrolles, 2013, p. 17.

vraiment. Ils font un mélange d'humour et parfois utilisent la culpabilité ou la déception. C'est du genre « mon cher ami qu'est-ce que tu pourrais faire sans moi ? » ou encore « je savais que ça allait m'arriver... ».

Oh oui ! Je vois ce que tu veux dire. Il s'agit de la « colère déguisée » où se joue la manipulation, il y a comme un jeu psychologique. Parfois, elle pourra s'exprimer sous forme de bouderie, de raillerie ou de plainte. En fait, l'émotion est bien présente dans ce cas, sauf qu'elle est exprimée de manière indirecte. Evidemment, lorsque je la pratique, je peux obtenir ce que je veux, puisque j'utilise la manipulation ou la dissimulation, mais les autres restent avec un goût amer, ils pourront se sentir blessés et douteront plus tard de ce que nous dirons.

Mais que faire alors ? Hum ! Tu peux exprimer ta « colère sainement », ou comme on le dit en CNV[2] exprimer « pleinement ta colère ». C'est une manière d'exprimer sa colère avec

---

[2]Communication NonViolente de Marshall B. ROSENBERG.

toute son intensité, en parlant de ce qui est vivant en soi, en étant à l'écoute de ses besoins insatisfaits, tout en portant un profond respect pour son interlocuteur. Je vais donc affirmer mes besoins sans nier ceux de l'autre. Exprimer sainement ou pleinement sa colère permettra de créer une relation de confiance et facilitera la coopération. Evidemment, elle demande un réel apprentissage et que nous prenions notre temps, surtout au début. Ce qui est magnifique, c'est que sur le long terme la qualité de la relation est préservée et j'ai plus de chance d'obtenir le changement que je souhaite dans le respect de l'autre. Nous aurons l'occasion de revenir sur comment s'exprimer ainsi, de manière concrète.

Garde tout de même en esprit que lorsque ma colère est exacerbée, certes j'obtiens parfois ce que je veux, mais au détriment de l'autre et de la qualité de la relation, car il risque d'inhiber sa colère. De même en l'inhibant, c'est moi qui n'obtiens pas le changement voulu et l'autre peut profiter de cette situation pour me dominer. Enfin, si je suis dans la colère déguisée, je suis dans un jeu de pouvoir, la situation peut être stressante pour nous deux et mon vis-à-vis ne comprendra pas forcément ce que je veux. Tu vois qu'au fond, apprendre à gérer sa colère est autant bénéfique pour moi que pour l'autre et nous porte à des relations durables.

Notons que l'expression de la colère est aussi le résultat d'un apprentissage, d'une imitation. Parfois nous ressentons de la colère, mais son expression est propre à notre culture ou notre environnement, sans oublier notre éducation. Difficile dans ce cas, d'avoir une expression appropriée de la colère.

Cela fait beaucoup pour moi aujourd'hui, je ressens déjà de la fatigue. En plus, le temps prévu est arrivé à son terme. Il est vrai que j'avais des questions. Disons que je les garde pour la prochaine séance ou encore je pourrais te faire un email. J'ajoute que parfois tu dis un « petit mot » et quelqu'un s'enflamme. Ah oui, c'est comme une colère déplacée, qui n'a rien à avoir avec la situation, et tu n'es ni concerné par ce qui arrive et ni responsable.

Ce que tu dis me rappelle quelquefois où, quand mon papa rentrait du boulot, pour une moindre chose, c'était des explosions. On était comme sa décharge.

Ah oui, je vois ! Il s'agissait des colères déplacées, des colères inhibées mal gérées. On dirait qu'il y a eu des moments pénibles dans ton enfance, où on te faisait croire que tu étais responsable de la colère des autres. Ça a dû être difficile pour toi hein ! Nous en reparlerons probablement la prochaine séance. Allons, achevons notre entretien d'aujourd'hui. Je te laisse un exercice à faire pour la prochaine fois.

C'est dans cette ambiance que nous nous sommes séparés, en clôturant par notre rituel habituel.

Exercice pratique 1 : Tout au long de la semaine, prends conscience des fois où tu es en colère et essayes de voir quel est ton expression de la colère en ce moment-là. Est-elle une colère exacerbée, inhibée, déguisée ou saine ?

Précises comment tu extériorises ta colère :
-    Menaces physiques ;
-    Menaces affectives ;

Mes premiers pas vers la gestion de la colère

-       Punition ;
-       Utilisation de la culpabilité ;
-       Manipulations, ironie ;
-       Reproches, accusations ;
-       Critiques, dénigrements ;
-       Dévaluations, dépréciations ;
-       Repli sur soi, évitement, fuite ;
-       Refoulement ;
-       Médisances, calomnies ;
-       Autres (à préciser).

Chapitre 2

Mes croyances sur la colère

Nos croyances engendrent nos pensées, nos pensées causent nos sentiments et nos sentiments influencent nos actes ou nos comportements.

La séance passée avait laissé beaucoup d'interrogations en moi, j'étais sur le point de rencontrer César à nouveau. Il a voulu que nous changions de lieu et cette fois-ci, nous sommes dans un espace ouvert, calme, avec des couleurs qui me rappellent mon enfance. C'est vraiment magnifique ! Je prends un temps de contemplation avant de démarrer la séance.

Alors Colbert, comment ça s'est passé depuis notre dernière rencontre ?

Beuh... C'était plutôt tranquille. J'ai vécu une scène de colère avec mes enfants. Et tu sais ce qu'ils m'ont dit : « Mais papa, tu es quand même entrain de te faire accompagner par le monsieur-là… » Mon épouse était là. Et tout de suite j'ai ressenti une certaine honte. Evidemment, j'ai gardé le silence en me disant à l'intérieur de moi-même, comment vais-je être un exemple pour eux ?

C'est alors que César reprit la parole afin que nous échangions quelques minutes sur ces questions, préalablement au sujet qu'il avait préparé pour notre séance.

Exprimer ou entendre ses colères peut être une expérience difficile. Pourquoi ? Plusieurs éléments expliquent cela, parmi lesquels nos croyances. Celles-là que nous avons imprimées en nous depuis notre enfance. Comme je te disais la dernière fois, aujourd'hui nous allons un peu revisiter ton enfance. Qu'as-tu entendu sur la colère durant ton enfance ?

Voyons voir… Je me rappelle des phrases prononcées par mes parents, oncles, tantes et aînés du genre : « ce n'est pas bien de se mettre en colère », « tu m'énerves quand tu te mets en colère », « tu es laid quand tu fais ça », « tu n'as pas le droit de te mettre en colère », « c'est à cause de toi que je suis en colère ». Et une fois, lorsque j'étais rentré de classe éploré, mon camarade ayant pris de force mes stylos, mon papa me dit : « un homme, ça se met en colère, si tu ne veux pas que les autres te marchent dessus et quand tu seras adulte ce pourrait même être ta femme ».

Voilà quelques-unes des croyances que nous avions intériorisées, qui malheureusement ne nous aident pas à mieux gérer notre colère. De plus, nous transmettons cela à nos enfants sans en être conscient que cela déterminera également la façon dont ils géreront leur colère, une fois devenus adultes. Si certaines de ces croyances nous poussent dans la peur du rejet (va-t-on encore m'aimer si j'ose me mettre en colère ?) d'autres nous poussent dans le déni (non, je ne suis pas en colère) tout simplement parce que nous voulons acquérir l'approbation ou l'intégration du groupe. Cela se traduit par des phrases du genre : « si je ressens de la colère, je vais exploser » ; « si je ressens de la colère, je ne serais plus aimable, ni gentil et encore moins acceptable » ; « j'ai peur de me mettre en colère et de ne plus arriver à me contrôler » ; « si je me mets en colère, il va bouder pendant une semaine ». Rappelle-toi quand tu étais mis à l'écart parce que tu avais osé manifester ta colère et que, pour retrouver le cercle familial ou la communauté, il te fallait nier ou ignorer ta colère. Voilà autant de choses vécues et qui malheureusement continuent, et font en sorte que notre colère soit vécue comme menaçante.

C'est vrai, quand j'étais enfant, même si parfois tu subissais une injustice, l'aîné et quelquefois le parent te faisait croire que tu avais tort de le manifester. En fait, je comprenais qu'il voulait bien que le cadet respecte l'aîné. Mais tu vois, tout petit tu n'as pas encore cette capacité à pouvoir t'exprimer avec calme tout en défendant tes intérêts. Tu vois bien autour de toi que quand ce sont les aînés, ils haussent le ton, crient et parfois même te frappent dessus pour signifier qu'ils sont en colère à cause de toi, et que tu mérites d'être puni pour ça. C'est comme ça que le cadet inhibe sa colère pour éviter toutes ces représailles. Malheureusement, une fois adulte, rassuré qu'on ne peut plus te frapper dessus ou crier dessus n'importe comment, tu exploses sur les autres pour manifester que tu es en colère.

Ah oui, je comprends ces questions de responsabilité. Nos éducateurs, avec la meilleure intention qu'ils avaient, nous ont fait croire qu'on était responsable de leurs émotions. Nous y reviendrons, car cela entraîne une grosse culpabilité que tu peux traîner toute ta vie, c'est aussi une façon de manipuler l'autre.

Bon, revenons sur notre sujet de croyances. Étant donné que les expériences de colère mal vécues au quotidien entraînent de nombreuses conséquences dramatiques, notamment la violence de toutes sortes, nous finissons par intégrer que la colère c'est mal ou du moins à la voir comme une ennemie, sans prendre le temps d'écouter le message transmis. Nous confondons l'émotion de la colère et ses conséquences ou ce que nous en faisons.

La plupart des croyances qui influencent nos comportements proviennent des idées reçues de nos parents, enseignants ou toutes personnes ayant eu une influence significative dans notre vie. Nous les tenons pour vraies sans en faire nous-même l'expérience ou tout simplement sans les remettre en question. Les croyances collectives, celles qui sont liées à notre culture ou à une époque, et les croyances personnelles qui sont le fruit de notre héritage familial et de notre histoire personnelle, sont parfois autant de limites que nous imprimons de manière inconsciente dans notre esprit et qui nous bloquent. Malheureusement, plus notre colère est intense, plus notre attache-ment à une croyance sera fort. Ce sont ces croyances limitantes ou négatives qui nous maintiennent dans la confusion. Evidemment, ces croyances peuvent nous pousser à une cer-taine prudence, mais parfois aussi, elles nous laissent dans l'inaction puisqu'elles constituent pour nous de belles justifications. J'aimerais que tu prennes conscience des histoires que tu te racontes sur toi ou sur les autres pour les rendre responsables de ce qui t'arrive ou pour tirer parti d'une situation ou encore pour les dominer.

Voici une histoire très connue sur les croyances dont on peut tirer de belles leçons.

> C'est l'histoire de deux frères qui ont grandi dans un même environnement, avec un père toxicomane. Devenus adultes, les deux frères auront une vie totalement différente. L'un, malheureusement deviendra toxicomane comme son père ; il sera même accusé de tentative de meurtre et finira sa vie en prison. Par contre, son frère va se marier, aura des enfants et une vie joyeuse et épanouissante.
>
> Quand on leur pose séparément la question : Qu'est-ce qui vous a motivé à avoir cette vie d'adulte ? Tous deux ont la même réponse : « Quoi ! Avec un père pareil, je n'aurai pas pu faire autrement... »

Cette histoire révèle l'importance des croyances qui influence notre personnalité. Nous pouvons vivre le même évènement, mais réagir différemment. Cela est très souvent le fruit de nos croyances. Nos croyances influencent nos attitudes. Elles ont le pouvoir de nous aider à créer la vie que nous désirons. Si je veux changer, je commence par analyser mes croyances, qui sont en quelques sortes des jugements qui se sont figés en moi, afin de transformer celles qui sont limitantes en croyances positives. Il s'agira en quelque sorte de décoder la croyance, en regardant ce qui m'amène à penser ainsi et à vérifier les besoins nourris ou non par cette croyance pour aller dans le sens de l'épanouissement ou de la croissance. Car derrière chaque croyance, il y a des bénéfices et des maléfices.

Et maintenant, comment te sens-tu avec tout ce que je viens de dire ?

Pas trop surpris et intéressé de savoir que cela a aussi un lien avec la colère. En fait, depuis quelques années, je découvre l'impact de mes croyances sur mon bien être. Il y a de plus en plus d'informations sur ce sujet. De temps à autre, je lis afin de m'outiller sur la question. Cela m'aide vraiment.

Je comprends et je suis fier que cela fasse sens pour toi, peut-être que tu avanceras plus vite. Voici un petit challenge que je fais de temps en temps, en suivant la phrase de *Marshall B. Rosenberg* : « *Essayons, chaque jour qui passe, de renoncer un tout petit peu à l'une de nos croyances limitantes. A partir de ce moment-là, nous prendrons plaisir à nos erreurs, car elles nous permettront d'apprendre quelque chose de nouveau sur nous-mêmes. »* Il s'agit de travailler sur mes croyances limitantes en les transformant en croyance positives ou en renonçant tout simplement à ces croyances. Et comme tu le sais déjà probablement, nos convictions ou nos croyances et en particulier nos fausses croyances sont les facteurs les plus importants de notre vie mentale et émotionnelle. Il est temps que nous nous en occupions.

Voyons ensemble quelques exemples de fausses croyances sur la colère et comment les transformer. Ces exemples sont à titre illustratif.

Quelques fausses croyances	Quelques croyances positives
Les autres sont responsables de ma colère.	La colère est de l'énergie et elle veut me dire quelque chose.

	Ce sont mes pensées (critiques, reproches...) sur l'autre qui déclenchent et entretiennent ma colère.
Je n'ai pas le droit de ressentir de la colère.	J'ai le droit de ressentir de la colère, mais je n'ai pas le droit de la diriger contre l'autre.
La colère, c'est mal !	Ce n'est pas un désastre si l'un de nous ressent de la colère... Il y a juste des besoins insatisfaits que nous sommes appelés à en prendre soin.
Les autres sont tous des méchants.	Les autres sont ce qu'ils sont et c'est moi qui décide de me

	mettre en colère et d'y demeurer.
Il m'énerve. Je n'attends plus qu'il change un jour.	Je suis exaspéré parce que j'ai besoin de respect et de considération. Ainsi, en changeant de dialogue intérieur, je baisse l'intensité de ma colère...
Si je me mets en colère, on ne va plus m'aimer.	On va toujours m'aimer si j'exprime ma colère avec bienveillance et respect.
Si je me mets en colère, on ne va plus m'aimer.	On va toujours m'aimer si j'exprime ma colère avec bienveillance et respect.

Avec la prise de conscience et la libération de tes croyances limitantes, tu feras un grand pas dans la gestion de ta colère.

Nous avions longuement parlé de croyances. C'était important pour moi de me libérer progressivement de mes croyances limitantes. Cela devrait constituer un fondement pour la gestion de ma colère.

Le temps prévu pour la séance arrivait déjà à la fin, il allait me laisser l'exercice à faire pendant les jours suivants, avant notre prochain rendez-vous. C'est dans cette ambiance chaleureuse que nous avions fixé la date du prochain rendez-vous.

Exercice pratique 2 : Prendre conscience de mes croyances sur la colère (notamment mes croyances négatives ou limitantes) et les transformer.

Prendre une feuille de papier (format A4 par exemple) et y inscrire toutes les croyances reçues ou construites sur la colère. Ensuite, les trier et classer en croyances limitantes et croyances positives. Puis, prendre une nouvelle feuille de papier et la diviser en 2. Reporter du côté gauche tes croyances limitantes ou négatives sur la colère que tu as trouvées précédemment ; ensuite, du côté droit, les transformer en croyances positives, celles qui te rendent la vie plus belle. A travers cet exercice, je commence à prendre conscience de mes croyances limitantes pour les transformer en croyances aidantes ou positives, les remplacer par celles qui m'aident ou tout simplement y renoncer.

Quelles sont les situations dans lesquelles je nourris ces croyances ?

Tu peux pousser l'exercice plus loin en précisant les bénéfices ou maléfices que tu tires de ces croyances. Et peut-être te proposer des actions pour vérifier ces croyances.

Chapitre 3

L'émotion de la colère

« Toute colère est à mon sens le fruit d'une pensée coupée de la vie, qui engendre la violence. Au cœur de toute colère, il y a un besoin insatisfait. La colère peut donc être très utile si nous l'utilisons comme signal d'alarme : elle nous permet de prendre conscience qu'il y a chez nous un besoin insatisfait et que nos pensées actuelles diminuent fortement nos chances de le satisfaire. Exprimer complètement notre colère requiert la capacité d'être pleinement conscients de nos besoins. » Marshall B. Rosenberg[3]

Ma matinée a commencé avec un énorme stress, je sens en moi monter la colère. Ce n'est

---

[3]Marshall B. ROSENBERG, *Les mots sont des fenêtres (ou bien ce sont des murs)*, La Découverte, Paris, 2002, 2005, p.183.

pas évident quand tout semble ne pas marcher autour de soi. Mes collaborateurs ont du mal à remplir leurs responsabilités et après je vais me taper tout le boulot... Si je veux vraiment que ce nouveau contrat marche, il va falloir que je bouge davantage. Comment je vais faire pour honorer le rendez-vous avec César ? Si seulement quelqu'un pouvait me donner un coup de main. Et voilà, encore une réunion imprévue. J'ai l'impression que je vais exploser. Que faire ? Peut-être que je devrais appeler César et lui demander qu'on reporte notre rencontre à demain. Voilà autant de pensées qui traversent mon esprit et provoquent un trouble chez moi. Je prends quelques minutes de calme et me voilà sur mon téléphone en train de parler avec César. C'est fou tous les bienfaits que je reçois juste en parlant avec lui. Notre rencontre a été reportée pour demain. Ouf ! Je me sens un peu apaisé. Je reprends mes activités avec un peu plus de sérénité. Je commence à me demander si ce n'est pas parfois moi qui me mets autant de pression ! Demain, je reparlerai de tout ceci avec César, peut-être qu'il me donnera quelques clés pour gérer de tels moments.

Nous sommes le lendemain, c'est un peu plus calme pour moi. Je suis déjà au lieu du rendez-vous. César me demande de patienter 5 minutes. Je profite de ce temps pour contempler l'endroit où je me trouve. Ah ! Il avance vers moi, je suis impatient de partager avec lui. Je me demande bien comment il fait pour garder le sourire et la sérénité, dans notre environnement devenu de plus en plus difficile et agressif.

Après les salutations habituelles, César me dit : « Comment a été ta vie depuis notre dernière rencontre ? »

Beuh… Ce n'est pas vraiment facile… Beaucoup de stress au boulot. Ce n'est pas évident avec le nouveau projet sur lequel je travaille. En plus, on dirait que mon équipe est devenue moins efficace.

Hum ! Après quelques instants d'écoute, il me propose d'aborder le sujet du jour sur la colère en tant qu'émotion. Je suis plus serein et intéressé à l'écouter.

Je vais commencer par te conter à nouveau une histoire.

Un père avait trois fils à qui il a donné à chacun un véhicule. Chacun avait laissé la possibilité à la famille entière d'utiliser ce véhicule. Un jour, les trois fils décident de se rendre dans une même ville, à des kilomètres de chez eux. En cours de route, chacun vécut une panne d'essence et voici comment cela se passa :

1er fils : Conscient que son tableau de bord ne fonctionnait pas depuis quelques semaines, il avait choisi de rouler sur cette route en toute confiance, en ignorant son besoin d'essence (puisqu'aucun signal ne le porte à sa conscience), sans prendre des précautions. Malheureusement, il est tombé en panne sèche dans un village, très loin de la prochaine station d'essence. Aussitôt il se mit à hurler : « Oh non ! une panne de plus. La vie me veut même quoi... C'est sûr que ces irresponsables ont encore utilisé la voiture sans remettre de l'essence... Pourquoi cela n'arrive qu'à moi mon Dieu ! Si j'avais... C'est la catastrophe... »

Le constat est sans appel : aucun signal sur le tableau de bord, aucune prise de conscience du besoin, et aucun pouvoir d'action.

2ème fils : Roulant dans un véhicule avec tableau de bord qui fonctionne très bien, il se rend compte que l'aiguille d'essence affiche sur la réserve. Aussitôt, il se met à hurler : « Hey ! Merde, qui a encore oublié de mettre de l'essence dans cette voiture ? C'est incroyable, c'est toujours sur moi que cela arrive... Ils vont me sentir à mon retour... Seigneur toi-même tu vois ! C'est comme si je suis la seule personne dans cette famille pour m'occuper de tout... » Il continue de se plaindre au point où absorber par cette colère qui le ronge, il finit par ne plus remarquer les deux stations d'essence qu'il vient de traverser... Et finalement il tombe en panne sèche également dans un autre village... Et s'exclame : « Oh mon Dieu, pourquoi maintenant ? C'est quelle poisse dans ma vie... »

Le constat est simple : bien qu'il ait perçu le signal et pris conscience du besoin d'essence, il n'a entrepris aucune action pour se dépanner. Au lieu de cela, il a concentré toute son énergie à se plaindre, à chercher un coupable ou quelqu'un sur qui déverser sa colère et sa frustration.

3ème fils : Roulant dans un véhicule avec tableau de bord qui fonctionne très bien, il se rend compte que l'aiguille d'essence affiche sur la réserve. Aussitôt, il se dit : «Tiens, je vais devoir mettre de l'essence pour arriver à destination. C'est dommage qu'il n'y ait pas de station d'essence là maintenant, mais je vais garder un œil ouvert sur la prochaine station d'essence. Ensuite, de retour à la maison, je dirais à mon épouse et à mon fils, que je suis fâché d'avoir manqué de carburant alors que j'avais fait le plein et qu'on était d'accord sur le principe de refaire le plein après avoir utilisé le véhicule. J'ai besoin de considération et de respect pour les accords passés sur l'utilisation de la voiture. Surtout que c'est très frustrant de vivre cela. Je ne vais pas oublier de leur demander s'ils sont d'accord qu'on renouvelle cet engagement aujourd'hui ; et qu'à l'avenir ils remettent eux-mêmes l'essence dans la voiture. » Plus

> tard, à la prochaine station, il a refait le plein et poursuivi sa route.
>
> Le constat est également clair : il y avait bien un signal. Il a pris conscience du besoin d'énergie (essence) de la voiture et a agi pour la recharger, répondant ainsi à ce besoin. De plus, il a pris l'initiative de partager avec sa famille ce qu'il ressentait durant ce voyage, afin de préserver la relation et de répondre à ses besoins de respect, d'engagement et de considération.

Cette belle histoire m'avait beaucoup touché. Je compris à quel point se plaindre n'est pas toujours profitable, et que ce qui est urgent de faire c'est d'être à l'écoute de ce qui se vit à l'intérieur de nous (les besoins) et d'exercer notre responsabilité pour prendre soin de nos besoins. Je continuais de l'écouter sur le sujet qui devenait de plus en plus passionnant pour moi.

Colbert, pour mieux apprivoiser notre colère, l'une des étapes importantes consiste à la reconnaître et pour cela apprenons déjà à mieux la connaître. Au fond c'est quoi la colère?

Quand on parle des émotions de base, la colère en fait partie. C'est donc quoi une émotion? C'est une réaction biologique de notre corps à un stimulus. C'est une expérience ressentie. Donc, une émotion on l'éprouve (la ressent), on ne la pense pas. L'émotion est brève et se matérialise sur notre corps. Et pour simplifier, le sentiment n'est qu'un degré différent de l'expression de l'émotion et fait intervenir la pensée. Il a par conséquent une durée plus longue. Nous n'allons pas nous disputer sur le vocabulaire utilisé, parfois je parlerais de colère en utilisant le vocable émotion ou encore celui de sentiment. Le but étant de rendre le langage plus facile pour nous. Tu comprends ce que je veux dire ?

Bien sûr. J'avais déjà entendu parler de cette petite différence. Je compris facilement ce qu'il voulait donc dire et j'avais hâte de découvrir ce qu'il allait encore me dire sur la colère.

Nous pouvons dire de manière générale que l'émotion est un cadeau, un bien précieux, qui nous renseigne sur notre bien-être ou mal-être. Elle a donc une fonction, une information utile à nous transmettre sur ce qui se passe en nous.

Et gérer ses émotions n'implique pas de les contrôler ou de les combattre, mais de savoir les accueillir, tout en tenant compte du message qu'elles nous transmettent pour agir en conséquence, comme l'a si bien montré l'histoire précédente avec le troisième fils. Nous sommes tous traversés par des émotions, nous avons donc la capacité à en faire l'expérience, elles font partir de notre vie. Nous aurions du mal à vivre sans elles, car ce sont elles qui nous mettent en mouvement. Apprenons donc à nous familiariser avec elles pour ne pas nous laisser envahir ou dominer par elles, même si notre éducation nous amène à croire qu'il y a des émotions autorisées et des émotions interdites. Reconnaître une émotion en soi est le premier pas pour prendre soin d'elle.

Ceci étant dit, revenons spécifiquement sur la colère. La colère en soi est un sentiment salutaire, puisqu'elle traduit une grande vitalité à l'intérieur de nous. Elle est un messager qui nous indique qu'il y a des besoins vitaux qui ne sont pas satisfaits et qu'il est urgent que nous y prêtions attention ; elle nécessite donc une action. Je t'invite à ne plus confondre l'émotion de la colère et ce que chacun de nous en fait ou encore, de comment nous réagissons une fois que nous la ressentons.

Hum ! Il y a bien des éléments nouveaux pour moi. Je me rends compte que j'avais appris à ne pas aimer la colère, parce que je ne la connaissais pas justement, surtout qu'il y avait un message à écouter derrière ma colère. Il y a un nouveau mot, qui n'a pas le même sens pour moi, celui de besoin. J'espère que nous l'approfondirons. En même temps, je me rappelle avoir lu dans un livre cette semaine : « La colère est l'émotion ressentie lorsque nous identifions un changement dans notre environnement, constituant une menace, un risque de dommage (réel ou fantasmé) sur l'un de nos territoires. Il faut entendre ici territoire au sens large, comprenant notre corps, nos cinq sens, le temps dont nous disposons, notre famille, nos possessions, nos amis, nos valeurs, nos besoins, nos désirs, nos intentions, nos satisfactions, ... La colère signale que quelque chose d'important pour nous est remis en cause, ne sera pas satisfait. La colère nous permet de garder notre intégrité. »[4]

Oui, nous y reviendrons. Surtout que les besoins jouent un rôle important dans notre vie et tout ce que nous faisons vise à nourrir nos besoins. Continuons avec notre sujet. Je me rappelle, pendant mes cours de catéchèse sur la foi chrétienne catholique romaine, de l'intérêt que je portais aux discussions sur les 7 péchés capitaux, parmi lesquels la colère. J'étais particulièrement intrigué par la vertu qui correspond à la colère, car chaque péché capital est associé à une vertu spécifique. Surtout que, j'avais déjà la croyance que la colère n'était qu'une émotion et avait une fonction vitale. A ce moment-là, grande a été ma surprise quand j'ai appris que la vertu associée est encore la colère. C'est pourquoi on parlera de sainte ou saine colère.

Je reviens encore sur cette notion. C'est important de faire la différence entre la colère en

---

[4]Daniel CHERNET, Colère, peur, tristesse, joie : coacher les émotions, Groupe Eyrolles, 2016, p. 139.

tant qu'émotion et ce que nous en faisons, notamment les actes que nous manifestons lorsque nous la ressentons.

Je t'invite à retenir que la colère fonctionne comme un signal lumineux sur un tableau de bord d'une voiture, et nous renseigne sur le besoin insatisfait. C'est un mouvement intérieur qui agit et trouble le fonctionnement global de la personne, sous l'emprise d'une idée et d'une situation qui l'irrite. La colère apparaît quand nos plans sont contrariés, lorsqu'un obstacle se dresse sur notre route ou une injustice est présente. Elle traduit donc la présence d'une blessure, d'une frustration, d'un dommage ou d'un obstacle. Enfin, elle est aussi considérée comme un symptôme d'anxiété et un excellent indicateur du stress.

Avec tout ce que tu viens de me dire, je comprends que la colère n'est en soi ni bonne ni mauvaise. C'est son expression et son utilisation qui en font la différence. Je comprends aussi qu'il est important que j'arrête de la juger, que j'apprenne à l'utiliser de manière constructive, à la transformer en énergie positive, c'est-à-dire la mettre au service de la vie. J'ai beaucoup appris aujourd'hui. Je comprends pourquoi on dit que la connaissance pratiquée donne plus de liberté.

Nous avions continué à parler ce jour-là. Je suis rentré très satisfait de notre entretien. Nous avons convenu de notre prochain rendez-vous avec l'exercice pratique que je devais faire d'ici là.

Exercice pratique 3 : Se familiariser avec l'émotion de la colère.

1. Donne un nom familier à l'émotion de la colère, un nom qui te plaît, que tu apprécies. Exemple : Colette, Corine...

2. Quand tu ressentiras la colère, accueilles là comme une amie ou alliée en utilisant des phrases qui te parlent. Prends quelques secondes de calme et tu te dis ce dialogue intérieurement, si tu es avec des gens ou à voix haute si tu es seul. Par exemple : « Ah ! Tiens voici encore mon amie « Colette » qui se présente. Viens là « Colette », qu'est-ce que tu as à me dire ? » NB : Parfois, tu pourras t'asseoir sur une chaise, et tirer l'autre

chaise et considérer que « Colette » est assise dessus.

3. Accorde-toi quelques minutes de calme pour écouter ton dialogue intérieur et accueillir les expressions de colère, qu'elles se manifestent dans tes pensées ou dans ton corps. L'important c'est de donner une coloration à l'émotion. Accueilles ton message interne.

4. Comment te sens-tu après cette expérience ? Quelle remarque fais-tu ?

Chapitre 4

Les bienfaits de la colère

« La colère est nécessaire ; on en triomphe de rien sans elle, si elle ne remplit l'âme, si elle n'échauffe le cœur ; elle doit donc nous servir, non comme chef, mais comme soldat. » Aristote

Je suis tout excité de rencontrer César à nouveau. Cela fait deux semaines que je n'ai pas eu d'explosions de colère. Je suis content du progrès accompli. Il a choisi un endroit bien décoré pour ce rendez-vous, ambiance calme avec des sons d'oiseaux. Oui, c'est un endroit un peu reculé de la ville. L'air qu'on respire est pur. Ça me rappelle le village.

Alors Colbert, comment ça s'est passé depuis notre dernier entretien. C'est à ce moment-là, que dans une grande fierté et tout joyeux, je lui déballais les petites victoires de la semaine, et surtout combien au tour de moi, les personnes sont surprises de cette transformation.

Je suis très content de ces belles expériences vécues et rassuré de te voir évoluer. C'est aussi stimulant et enrichissant pour moi, lorsque j'ai des feedbacks positifs. Nous allons parler d'un sujet un peu particulier aujourd'hui, cela pourrait même te surprendre. Il s'agit des bienfaits de la colère.

Hum ! Donc la colère a même des effets positifs ! Je fus surpris.

Si la colère est très souvent associée à de la violence, surtout liée au fait que nous avons du mal à l'apprivoiser, elle est avant tout une émotion, et par conséquent un messager. Il serait intéressant de découvrir à quoi elle nous sert, de connaître ses bienfaits pour en tirer profit, au lieu de se laisser entraîner dans un cercle infernal de violence.

Nous avions déjà dit que c'est un signal d'alarme, elle surgit lorsqu'un équilibre est rompu dans un aspect de notre vie, lorsque des besoins vitaux ne sont pas satisfaits. Comme toute émotion, elle est un messager. Très souvent, elle apparaît suite à des frustrations non gérées ou à un stress intense, ou à une injustice. Elle nous indique que nos plans sont contrariés, qu'un obstacle se dresse sur notre chemin. Elle est une puissante énergie pour agir. Voilà déjà des informations que nous pouvons tirer d'elle.

Elle nous permet de mobiliser de l'énergie, qui bien utilisée nous aide à nous défendre. Bien que, malheureusement cette énergie pourrait être aussi mal utilisée, pour punir l'autre par exemple. Cette énergie est source de motivation pour le changement, une force pour faire respecter ses limites ou pour ne pas se laisser marcher dessus. C'est donc elle qui va permettre souvent de mener un changement autour de soi, de passer à l'action. Elle permettra également de demander réparation pour l'injustice perçue, commise ou encore de surmonter les contrariétés dans nos plans qui se dressent face à nous. Nous connaissons bien l'histoire des enfants qui, suite à la colère ressentie face à la maltraitance reçue de leur parent, vont travailler efficacement et durement pour réussir leur vie, prouvant à leur parent qu'ils peuvent faire mieux. Ou encore des personnes qui ressentant la colère face à un handicap qu'elles portent, vont pouvoir se démarquer brillamment dans un domaine professionnel ou laisser exploser leur potentiel. Rappelons-nous comment Martin Luther King ou encore Nelson Mandela ont manifesté leur colère face à l'injustice due à la couleur de la peau, qui a été un puissant élément déclencheur, et associée à d'autres motivations les a conduits à une lutte sur plusieurs années pour rétablir la justice sociale et le respect des droits de la personne humaine.

C'est pourquoi, c'est important de ne pas confondre le sentiment de colère comme signal d'alarme et les actions que chacun de nous peuvent faire suite à la colère ressentie. Elle nous invite à notre propre écoute interne afin de prendre soin de nos besoins insatisfaits. C'est également elle qui va nous donner la force de nous affirmer, lorsqu'elle sera exprimée de manière adéquate, dans le respect de mes besoins et de ceux de l'autre. Elle nous permettra aussi de mettre des limites face à une menace ou une agression de notre territoire. Tu as déjà certainement ressenti une colère intense, qui t'a permis de mettre des limites dans une de tes relations ou encore d'obtenir le respect de tes interlocuteurs.

J'ai le droit de ressentir de la colère, mais pas de l'exprimer de manière agressive. Disons donc qu'une certaine dose de colère, comme l'indignation, nous poussera à l'action. De même, une certaine dose de colère bien gérée nous rend optimiste, nous permet de nous concentrer. Lorsque tu es face à une indignation et que tu veux le changement, le fait de ressentir cette petite dose de colère te poussera à rester concentré sur la tâche que tu fais pour le changement, et tu auras un certain optimisme.

Merci pour ces points si importants. Qu'en est-il des méfaits de la colère ?

Ah ! Cela touche principalement la santé et la qualité des relations. Nous allons aborder cela une prochaine fois. N'oublie pas l'importance des exercices pratiques qui t'aident à mieux te préparer. Ainsi face à une nouvelle situation, tu seras plus apte à (ré)agir adéquatement.

Exercice pratique 4 : Se familiariser avec les bienfaits de la colère et partager avec 2 ou 3 personnes.

Chapitre 5

Les méfaits de la colère

« Les effets de la colère sont beaucoup plus graves que les causes. » Marc Aurèle

Nous nous sommes retrouvés comme d'habitude pour notre entretien. Il allait être un peu plus court que les entretiens précédents et j'avais déjà quelques idées sur le sujet, puisque je l'avais vécu avant de suivre cet accompagnement. J'étais impressionné par la sérénité de César, lui qui avait passé la nuit à l'hôpital auprès de son fils souffrant d'une grave maladie. Il me rassurait que malgré cette situation pénible pour lui en ce moment, il était bien disponible pour notre séance de travail, sinon il ne serait pas venu.

Parlons à présent des méfaits de la colère. Sur ce point, j'imagine que tu as déjà beaucoup d'idées. Je voudrais que tu imagines que tu es en colère et qu'on te dise toutes sortes de phrases : « tu es ridicule avec cette colère… », « Oh ! Va loin avec cela… », « c'est tout ce dont tu es capable mon petit ? » Tu peux ressentir encore l'intensité de cette colère monter en toi. Et par conséquent les effets négatifs vont s'accroître aussi.

La culture d'un environnement (famille, organisation, tribu, société, pays, etc.) détermine la place des émotions, notamment la colère. Si la colère ne peut être exprimée ni entendue, elle provoque des effets néfastes. En famille, au travail ou dans les lieux de rencontre, cela génère de la souffrance et des blocages. Il en résulte de l'épuisement, aussi bien personnel que professionnel. On observe également de l'agitation envers les autres ou les objets, du stress et de la lassitude. Cela entraîne des plaintes, des médisances, des comportements blessants, ainsi que des accusations et critiques négatives. Elles pourront aussi générer des attitudes d'évitement, de repli sur soi, de fuite, de rejet et surtout de violence ou d'agression. Par ailleurs, la dépression résulte souvent d'une incapacité à exprimer ses colères. On est impatient, impuissant, frustré, irrité, en colère et même révolté de voir que bien des aspects de sa vie ne changent pas comme on le souhaiterait. On a du mal à mettre des mots sur son vécu et encore moins à l'exprimer de peur d'être jugé, mal compris et bien d'autres. Notre énergie diminue au fur et à mesure qu'on n'agit pas et finalement on se sent déprimé. Si la situation dure longtemps, la dépression va finir par s'installer. Chacun de nous a une panoplie d'expériences vécues ou écoutées. Ce qui modifiera nos relations interpersonnelles et même notre rapport aux évènements. C'est pourquoi par exemple, tu peux voir la colère chez certains lorsqu'ils parlent mal à quelqu'un, crient ou hurlent, car ils se sentent impuissants face à la situation et voient l'autre comme un ennemi.

Parfois, la colère peut nous pousser à avoir des comportements compensatoires tels que manger ou boire abondamment, jouer aux jeux de hasard, avoir des relations sexuelles non contrôlées, dépenser de l'argent inutilement.

Ce qui peut être très dommageable pour nos familles.

Evidemment, ceci est d'autant plus vrai si notre culture nous encourage à cacher les émotions dites « négatives » ou à ne montrer que des émotions valorisées par le groupe.

De même, les colères non exprimées ou mal gérées vont entraîner du ressentiment, un refus de pardonner, un désir de vengeance, de la rancune. C'est pourquoi, c'est vraiment important d'apprendre à les apprivoiser.

Plusieurs maladies cardiovasculaires, l'hypertension, les troubles gastro-intestinaux, certains maux de tête ou de dos sont le résultat des colères mal gérées. Nous avons certainement autour de nous des personnes qui face à des situations difficiles provoquant de la colère ont engendré de tels maux. En effet, lorsque nous sommes en colère, le corps libère des hormones telles que l'adrénaline et le cortisol qui provoquent une augmentation de la pression artérielle et de la fréquence cardiaque, ce qui peut sur le long terme endommager nos vaisseaux sanguins et augmenter le risque de maladies cardiovasculaires. De même des colères chroniques peuvent contribuer à la formation d'ulcères en augmentant la production d'acide gastrique. Il est donc urgent, pour une santé publique, que nous apprenions à mieux apprivoiser nos émotions. C'est une compétence fondamentale si nous voulons construire un monde sain.

Combien contribuons-nous à cela lorsque nous n'écoutons pas les colères de nos enfants, qui sont encore immatures pour apprivoiser leurs colères ? Combien de relations ne sont pas fonctionnelles parce que la colère s'est invitée et les interlocuteurs n'ont pas su la gérer, et aujourd'hui ils n'arrivent plus à se parler ? Même dans l'intimité d'un couple malheureusement, elle peut avoir des effets néfastes. C'est le cas par exemple de certaines personnes qui, ayant des colères refoulées ou niées, vont pendant l'acte sexuel afficher des comportements agressifs ou brutaux (surtout chez les hommes), et ou se fermer au désir sexuel (surtout chez les femmes).

Et pourtant, en matière de relation interpersonnelle, la colère est presque inévitable. C'est même un ingrédient des relations. C'est pourquoi en apprenant à la gérer nous choisissons de construire des relations profondes et durables, dans lesquelles la coopération et la bienveillance ont leur place.

Je prenais conscience qu'il était important que je fasse vraiment un diagnostic personnel pour voir combien la colère affecte les différents domaines de ma vie. Cela allait être mon prochain challenge en matière d'exercice pratique. Et c'est dans cette ambiance que nous nous sommes séparés ce jour-là.

Exercice pratique 5 : Dire en quoi l'expression de ta colère affecte les différents aspects de ta vie (sur ta santé physique et psychique, ta vie de famille et professionnelle, ta vie de couple, tes finances, tes amitiés et relations sociales en général) en précisant concrètement comment cela se manifeste.

Chapitre 6

Les manifestations de la colère

« La colère accapare notre énergie et la détourne vers des actions punitives. » Marshall B. Rosenberg

Je venais de traverser une semaine difficile, des explosions de colère au boulot et en famille. Je me réjouissais déjà des progrès que je faisais, et me voilà comme découragé. J'ai l'impression de ne pas y arriver, je veux retrouver mon ancienne habitude, plus facile pour moi, même si au fond je veux changer. Après que César m'ait donné un moment d'écoute, je retrouve mon élan d'aller de l'avant, je me sens ragaillardi et j'ai hâte de continuer ce programme. César est vraiment un soutien pour moi, j'apprécie son style, en plus son sourire qui ne quitte pas son visage. Nous venons de traverser un moment important pour moi. Je sais maintenant que ce qui compte, ce sont les petits pas quotidiens pour apprivoiser ma colère.

Colbert, comme tu as retrouvé cette énergie pour aller de l'avant, nous pouvons aborder le point du jour. Nous allons parler des manifestations de la colère sur notre corps. Avec ce que tu as vécu ces derniers jours, tu peux me dire comment la colère s'est traduite sur ton corps ?

Euh, évidemment. Quand je suis souvent en colère, mon rythme cardiaque augmente et ma respiration s'accélère ; et du coup, le ton de ma voix augmente aussi. Mon visage à une certaine expression : les sourcils froncés, les dents serrées. Parfois, je ressens de la chaleur, il y a comme une augmentation de la température du corps.

Effectivement, c'est tout à fait cela. J'ajouterais juste qu'en fait, l'augmentation de l'activité cardiaque entraîne un afflux du sang vers le haut du corps, le sang monte à la tête. C'est pourquoi on peut voir certaines personnes rouges. L'autre chose importante est que les poings de main se serrent et se ferment, les muscles se crispent, ce qui nous prépare à l'action ou au combat. On a souvent envie de donner un coup de poing ou une gifle.

Je comprends donc pourquoi en ce moment il est facile de hurler ou de crier. Ce sont en fait ces modifications au niveau du corps, si on ne les gère pas, qui vont entraîner une explosion de colère.

Oui Colbert, en apprenant à reconnaître ces signes, tu prendras conscience très tôt que tu es en colère. Ainsi tu apprendras à écouter le message et à nourrir le besoin insatisfait sans que la colère n'explose forcément. Et plus encore, tu pourras aussi reconnaître cela chez autrui, question de mieux communiquer avec cette personne.

Oh ! Oui César, merci pour cette séance brève, mais surtout riche de sens et ce temps d'écoute au début. Je suis épuisé. Pouvons-nous clôturer et fixer la date du prochain rendez-vous ?

Exercice pratique 6 : Reconnaître les manifestations de la colère sur le corps.

Apprends à te familiariser avec les manifestations de la colère, afin de mieux les repérer quand elles se manifestent chez toi. Quelles sont les modifications survenues sur ton corps lors de ta dernière colère ?

Chapitre 7

Le vocabulaire des sentiments liés à la colère

« La peur mène à la colère, la colère mène à la haine, la haine mène à la souffrance. » George Lucas

Une belle journée s'annonce avec un magnifique lever du soleil. Mon rendez-vous avec César se passera en campagne, nous profiterons pour faire une randonnée ensemble. J'ai hâte de vivre ce moment, car cela fait plusieurs mois que je n'ai pas vécu une expérience de randonnée.

Après les salutations habituelles au lieu du rendez-vous, nous avons entrepris notre randonnée, et c'est pendant cette marche que nous avons échangé. Je me rappelle encore de cette magnifique journée, le son des oiseaux, le silence de la montagne et l'écho de nos cris. Oui, à un moment donné nous nous sommes lâchés et avions crié, question de se libérer un peu. Quand j'étais enfant, je faisais souvent cela avec des copains. Quelles sensations nous vivions en ce moment-là ! Aujourd'hui, devenu adulte, je me retrouve encore en train de faire pareille chose.

C'est dans cette atmosphère que s'est déroulée notre séance du jour consacrée au vocabulaire des sentiments liés à la colère.

Parlons de notre sujet a affirmé César avant de poursuivre : Colbert, imagines que tu sois dans une file d'attente, par exemple pour faire un dépôt d'argent à la banque, et que cela soit important pour toi. Tu vois le temps passer, la file n'avance pas vraiment et tu te questionnes sur les autres choses que tu aurais pu faire de ta journée. Tu commences à questionner également la qualité du service. Que va-t-il se passer pour toi en terme de ressenti ?

Beuh... Je serais en colère... Je déteste vraiment attendre et en plus parfois tu attends comme cela, et subitement tu vois la caissière servir d'autres personnes qui ne sont pas en rang.

Alors essayons de voir ensemble l'évolution de ton ressenti. Si tu prêtes attention à tes sentiments, tu verras que leur intensité va augmenter avec le temps ; et si tu ne prêtes pas attention à ce qui se passe en toi, à un moment tu seras déborder et tu pourras l'exprimer violemment. C'est ce qu'on observe très souvent dans ces files d'attente. D'abord, la personne commence à juger et reprocher tout intérieurement, puis n'arrive plus à supporter et à un moment donné commence à parler, le ton augmentant avec le temps. On entendra une série des paroles négatives qui va des plaintes aux menaces. Et ainsi de suite.

Voici encore un autre cas. Imagine que tu as à ta charge une personne qui tombe facilement malade parce qu'elle s'expose aux intempéries. Tu lui parles et le lendemain tu vois la personne en train de faire la même chose. C'est probablement toi qui prends en charge la personne lorsqu'elle est malade. Tu commences à hausser le ton et à la menacer. La personne ne réagit pas. Pire encore, elle continue tout de même à agir pareillement de temps en temps. Tu te retrouves malheureusement en train d'exploser.

Quelle que soit la scène vécue, on n'est pas arrivé à la colère directement, tu as dû ressentir une gamme de sentiments. En effet, l'émotion de la colère a une large gamme de sentiments allant de l'impatience à la rage ou furie et bien plus pour ne citer que ceux-là. Il est vrai que nous avons très souvent un vocabulaire des sentiments très pauvre. Mais si nous voulons traiter nos sentiments, il est important de savoir mettre un mot dessus, de pouvoir les identifier. Par conséquent, identifier très tôt le sentiment permet de mieux gérer sans attendre que la violence se présente.

En revenant sur la première scène par exemple, si tu prêtes attention à ce qui se passe en toi, tu pourras ressentir l'impatience, puisque cela n'a pas de sens pour toi d'attendre si longtemps pour être servi. Et si à ce moment, tu ne fais pas attention pour prendre soin du besoin exprimé, tu pourras ressentir de l'agacement ou de l'énervement. C'est par exemple ce qui nous arrive lorsqu'on a du mal à répondre à un enfant qui nous pose plusieurs fois des questions, et qu'on ne sait pas quoi lui dire ou même qu'on est indisponible pour lui répondre.

Toujours dans notre scène de départ, si on continue à ne pas prêter attention à notre dialogue intérieur, on peut ressentir de l'impuissance, nous indiquant notre vulnérabilité dû au fait qu'on n'arrive pas à obtenir le résultat que l'on souhaite.

Tout cela accumulé peut faire jaillir la frustration et si ce n'est pas géré, la colère fera son entrée. Alors, si je continue avec mes pensées contraignantes je peux voir émerger l'exaspération puis la fureur, ensuite la rage et voir même la révolte.

C'est pourquoi, lorsqu'on porte attention à ses sentiments tôt, puis on identifie le ou les besoin(s) tout en mettant en place des stratégies pour répondre à nos besoins, nous n'entretenons pas le cercle de la violence.

J'arrive à comprendre ce que tu me dis. Je le vis souvent. Et maintenant que j'ai conscience de cela, je vais porter plus mon attention sur ces différentes expériences en moi.

Voici une petite liste de sentiments qui peut te permettre d'enrichir ton vocabulaire. Tu pourras ensuite voir dans quelle situation tu peux vivre cela.

A bout	Frustré
Agacé	Furieux (ou fou)
Aigri	Grognon
Amer	Haineux
Apathique	Hors de soi
Blessé	Hostile
Choqué	Impatient
Contrarié	Impuissant
Courroucé	Indigné
Dépité	Irrité
Ecœuré	Marre (en avoir)
En colère	Mécontent
Enervé	Nerveux
Engourdi	Outragé
Enragé	Plein de rancœur
Exaspéré	Révolté
Fâché	Sur les nerfs
Froissé	Tendu...

Toutefois, il y a des sentiments mélangés à des jugements. C'est le cas de la haine qui est une colère contre soi-même et dont on fait porter la responsabilité à quelqu'un d'autre. J'en veux à cette personne et la hais parce que je pense que c'est à cause d'elle que je souffre. Et malheureusement, j'en souffre davantage parce que je deviens dépendant de cette personne.

C'est le cas aussi de la rancune qui est une forme de colère refoulée comportant un désir de vengeance, sans aucune intention réelle de passer à l'action. Vous préférez bouder, éviter la personne ou rompre le contact au lieu d'agir.

L'envie est en équilibre entre la jalousie et le désir. Elle traduit aussi des colères qui ne s'expriment pas ouvertement. C'est un mélange de colère, de peur et de tristesse, en lien avec le bonheur d'autrui, ce qu'il fait ou possède.

De même, la jalousie est un mélange de colère, de peur et de tristesse en lien avec la dépréciation de soi et l'insécurité.

Je dirais en conclusion qu'en identifiant au mieux le sentiment, je me tourne vers le message, vers les besoins inassouvis et j'en prends soin. Nous parlerons des besoins dans les prochains jours.

Exercice pratique 7 : Enrichir son vocabulaire de sentiments liés à la colère en consultant la liste ci-dessus ou toute autre liste.

Chapitre 8

Le mécanisme de la colère

« Ce sont nos pensées - de reproches et de jugements - qui déclenchent notre colère. »
Marshall B. Rosenberg

Cela fait déjà plusieurs semaines que César m'accompagne dans une meilleure gestion de ma colère. Je suis impressionné par mes progrès, même s'il m'arrive de temps à autre de retomber dans mes anciennes habitudes. Ce qui compte c'est de se relever pour avancer, et comme on le dit très souvent : « Ce n'est pas la chute qui cause le plus grand dommage, c'est le fait de rester immobile après cette chute. » Je suis impatient de rencontrer César au lieu du rendez-vous. Surtout que c'est un endroit chargé de beaux souvenirs pour moi.

Je suis arrivé avec un quart d'heure d'avance, et je profite de ce temps pour lire un peu un livre sur la gestion des émotions qu'il m'avait recommandé. Qui aurait cru que je me trouverais un jour en train de me former sur la gestion des émotions et en particulier celle de la colère. Nous avions toujours l'impression que ce sont des compétences qui vont de soi, pas besoin d'apprendre. Mais hélas, les évènements du quotidien dans notre environnement nous montrent bien combien cette émotion conduit à beaucoup de violence. Cette expérience me permet de me rendre compte que la compétence liée à la gestion des émotions, notamment la colère, s'apprend comme on apprend les mathématiques ou une langue quelconque. Et qu'elle est fondamentale pour la construction d'un climat de paix, d'harmonie et de coopération.

César est arrivé ! Nous prenons un moment pour notre rituel habituel avant de commencer le sujet du jour. Mais avant d'y arriver, je tenais à partager avec lui mes progrès, mes zones d'ombre et mes préoccupations. Je le fais avec satisfaction, d'autant plus que son feedback est encourageant. Ensuite, nous pouvons enfin aborder le sujet du jour.

Colbert, le sujet d'aujourd'hui porte sur le mécanisme de la colère. Je vais tout d'abord te parler d'un concept en Communication NonViolente, notamment sur la manière de réagir à un message difficile. En Communication NonViolente, nous avons 4 manières d'accueillir un message difficile ou négatif, qu'il soit verbal ou non.

1. Je le prends « Contre moi ». Dans ce cas, je me sens fautif, j'écoute un reproche ou une critique. Exemple : si une personne me dit : « Quel paresseux tu fais ! Tu as encore merdé ! Tu es incapable de faire juste ça ! » En prenant le message contre moi, je peux réagir en me disant : « Oh ! Merde, j'ai encore foiré. Je fais toujours comme ça dans ce genre de situation. Je suis trop bête. Si je savais... Quelle malchance ! » Malheureusement, cela conduit à la honte, à la culpabilité ou à la dépression, puisque je me juge, je me donne tort et je me condamne. C'est une autoflagellation.

2. Je prends le message « Contre l'autre ». Dans ce cas, je l'accuse, je rejette la faute sur lui, je lui renvoie le reproche ou la critique. Je pourrais lui dire avec la même phrase précédente : « Tu n'as pas le droit de me dire ça. Tu crois que tu peux faire mieux ! En plus, tu crois toujours que tu sais tout faire. Tu aimes trop montrer que tu connais... » Cette attitude conduit à la colère, à l'agressivité. Je pourrais donc ressentir de la colère.

3. Je me tourne vers moi « Ecoute de moi ou Auto-empathie ». Ici, je porte l'attention sur mes propres sentiments et besoins. Car au fond, derrière chaque message se cachent des sentiments et des besoins. Je pourrais répondre en lui disant : « Quand je t'entends dire : 'Quel paresseux tu fais ! Tu as encore merdé !' Je me sens blessé parce qu'au fond de moi, j'ai besoin que les efforts que je réalise dans cette tâche soient reconnus. » Cette attention vers moi me permet de prendre conscience que mon besoin de reconnaissance n'est pas nourri et que mon sentiment vient de là.

4. Je me tourne vers lui « Ecoute de l'autre ou Empathie ». De même, je porte mon attention sur les sentiments et les besoins de l'autre quelle que soit sa façon de s'exprimer. Je pourrais réagir en disant : « Es-tu triste et embarrassé parce que tu aimerais plus de diligence et d'efficacité dans le travail, surtout que nous avons déjà fait cela une fois ensemble ? »

Ainsi, au lieu d'accuser les autres pour ce que nous ressentons ou de juger leur comportement, nous prenons la responsabilité de notre sentiment en nous reliant à nos besoins, aspirations, valeurs, attentes, pensées ou désirs.

Ce choix peut bien sûr être non verbal, ton attitude traduira la façon dont tu as pris le message. Tu te souviens de la citation de *Louis Schorderet* : « *Ton attitude parle si fort que je n'entends pas ce que tu dis.* »

Reprenant la parole, je montrais à César combien cette façon d'écouter n'est pas habituelle, et qu'il fallait certainement un autre apprentissage pour arriver à ne plus réagir des façons 1 et 2.

Je venais de comprendre quelle responsabilité j'ai dans le cercle de la violence que j'entretiens souvent, juste parce que je n'ai pas pris le temps de me connecter à mes sentiments et besoins, ou encore ceux de l'autre, et ce quel que soit le message. En parlant de besoin, nous n'avons pas encore travaillé dessus.

Ah oui ! Je te l'avais promis. Nous en parlerons la prochaine fois, car c'est vraiment important que nous ayons une même compréhension sur ce sujet.

Alors, quel lien faisons-nous entre ce que je viens de dire et la colère ? Nous venons de voir avec les attitudes ci-dessus, notamment la deuxième, qu'en prenant le message contre l'autre, en rejetant la faute sur lui, en étant dans les reproches ou jugements vers l'autre, nous risquons d'éprouver de la colère.

D'où vient donc notre colère ? Quelle en est la cause ? Si nous voulons bien comprendre cela, il est important de ne pas confondre la cause et le facteur déclenchant.

Imaginons que tu es assis dans un parc en train d'attendre quelqu'un. Tu as par exemple pris 15 minutes d'avance sur le moment du rendez-vous. Tout à coup, un adolescent s'avance avec de la musique sur son téléphone qui a une tonalité haute. Il se peut qu'à un moment donné, tu te réjouisses de cette situation. Peut-être parce que tu as un besoin de détente et que la musique qui joue est en plus une de tes préférées. Par contre, si tu as besoin de calme et de tranquillité, il se peut que tu éprouves de la frustration. De même, si tu commences à juger l'attitude de ce garçon, en te disant par exemple : « Ce sale gamin se prend pour qui ! On voit bien qu'il n'a pas de respect pour les aînés. Quelle éducation il a reçu ! Les jeunes d'aujourd'hui sont perdus. » Il se peut que tu ressentes de la colère. Quel constat tu peux faire pour cette même situation, qui produit chez toi des réactions différentes ? Tu vois bien là, que ce n'est pas le comportement de l'adolescent qui a suscité chez toi des sentiments, mais bien tes propres besoins. De même, c'est en jugeant intérieurement ce gamin que tu as commencé à ressentir la colère. Ainsi, lorsque tu es relié à tes besoins, il est difficile que tu ressentes de la colère ; car la colère prend naissance dans nos façons de penser, qui ne tiennent pas compte de nos besoins. Ce sont les pensées (jugements, critiques) que tu as sur ce gamin qui causent ta colère. Dans ce cas, tu es coupé de tes besoins. Et donc, le comportement de cet adolescent va déclencher ta colère mais ne sera en aucun cas la cause ni la racine. Ce sont les pensées que nous mettons derrière un fait qui sont la cause de notre colère. Plus tu as des pensées contraignantes, plus tu ressens de la colère. Surtout que la colère s'auto entretient. Aussi, lorsque tu es relié aux sentiments et aux besoins de l'autre, la colère n'est pas présente. Evidemment tu peux avoir des sentiments moins intenses mais pas de la colère. En définitive, ce qui te met en colère, c'est ton propre dialogue intérieur, au-delà de ce que quelqu'un fait.

Ah non ! C'est trop facile à dire. Donc, tu veux dire que lorsque l'autre prend ce qui m'appartient et refuse de me remettre, ce n'est pas à cause de lui que je suis en colère ?

Je sais bien que c'est difficile de comprendre cela. Nous avons été habitués à croire que nous étions responsables des sentiments des autres

; et donc, l'autre est responsable des nôtres. C'est bien ce qu'on nous a fait croire depuis que nous étions petits. Et nous avons grandi avec cette croyance, diminuant ainsi notre pouvoir et accusant l'autre. En effet, cette confusion entretient la culpabilité chez l'autre. Malheureusement, c'est encore récurrent dans notre système éducatif, où nous faisons croire à nos enfants qu'ils sont responsables de notre ressenti. On dira par exemple à l'enfant que : « c'est à cause de toi que les parents sont en colère », « tu m'énerves quand tu fais ça ! » Et comme je le disais, sans le savoir nous accusons l'autre et nous renonçons à notre pouvoir. Car nous sommes responsables de nos sentiments, lesquels proviennent de nos besoins. Pourquoi donc insister sur le fait que c'est l'autre qui est la cause de mon mal-être, alors que c'est moi qui décide de me mettre dans cet état et d'y rester ?

C'est donc ces pensées et images ennemies que nous avons sur les autres qui déclenchent notre colère. Ce sont les phrases du genre : « Ils n'ont pas le droit ! Ils se prennent pour qui ? Ce sont tous des... Ils devraient... Ils ne devraient pas... Comment osent-ils ? Je vais leur montrer... Il faut vraiment... » En fait, c'est qu'au fond je juge ce que l'autre a fait comme quelque chose de terrible, d'épouvantable ou d'horrible. Je m'érige en juge avec mon système de croyances. En plus dans ces circonstances-là, je me dis que je souffre par la faute de l'autre et qu'il agit ainsi pour me punir.

Rappelles-toi que notre attitude intérieure déterminera notre comportement. Voilà où réside le mécanisme de la colère. Elle prend sa source dans nos pensées, dans les images négatives que nous portons sur l'autre ou sur nous-mêmes si c'est une colère contre nous. Plus je reste concentré sur ces pensées et images, plus l'intensité de ma colère augmente. Pour sortir de cette spirale, je vais me relier aux besoins insatisfaits, qui sont au fond l'origine de ma colère. Ou parfois en acceptant ou accueillant la réalité.

Ainsi, s'achevait notre entretien ce jour-là. Intégrer le fait que ce sont mes pensées (jugements, reproches, etc.) ou les images ennemies sur l'autre qui sont la cause de ma colère, n'était pas facile pour moi. Mais aujourd'hui, je suis heureux d'avoir fait ce changement de paradigme, car cela m'a vraiment aidé à ne plus auto-entretenir la spirale de ma colère.

Exercice pratique 8 : Identifie le facteur déclenchant de tes colères ou des situations générant la colère chez toi, dans les différents domaines de ta vie tout en précisant le dommage estimé.

Tu peux commencer par la phrase : « Je déteste ou je n'aime pas... »

Exemples :

- Je n'aime pas quand on me coupe la parole quand je parle d'une chose importante pour moi. C'est pour moi un manque de respect.
- Je déteste quand on ne me fait pas confiance sur quelque chose pour laquelle je me suis engagé. Je perds la confiance dans mon action et en la personne.
- Je déteste quand on m'impose une décision sans tenir compte de mon avis. C'est pour moi un manque d'autonomie ou de liberté, et même de considération.

Chapitre 9

Le langage des besoins

« Les jugements portés sur les autres sont des expressions détournées de nos propres besoins insatisfaits. » Marshall B. Rosenberg

J'avais hâte d'aborder le sujet avec César. En fait, cela faisait déjà plusieurs semaines qu'il avait évoqué le mot besoin. Il m'avait dit combien, c'était important de se relier à ses besoins et d'agir dans le sens de les combler. Je me suis donc pointé au rendez-vous avec une forte excitation, j'allais avoir plus de clarté et d'informations sur le sujet.

C'est ainsi qu'il a commencé l'entretien en me manifestant aussi sa joie de partager sur ce sujet. Colbert, je suis content d'aborder enfin ce sujet de besoin avec toi. Je t'assure qu'agir dans la conscience de nos sentiments et besoins nous rend plus léger et apporte plus de joie. Nous allons aborder le concept de besoin tel qu'il est défini en Communication NonViolente (CNV). Pour Marshall, tout ce que nous faisons c'est pour aller à la rencontre de nos besoins. Abraham Maslow a été l'un des premiers à élaborer une théorie des besoins. Elle a constitué la base de plusieurs travaux en psychologie.

Dans le cadre de la CNV, la troisième étape du processus porte sur les besoins. Et dans ce sens, les besoins sont à l'origine des sentiments. Le besoin est l'expression de la vie en nous ; c'est l'énergie vitale qui nous mobilise pour agir. C'est le cœur même de la CNV. Il est important de retenir que les besoins sont universels et communs à tous les humains. En CNV, le terme besoin renferme : les aspirations, les valeurs, les besoins. On parlera de ce dont j'ai besoin ou qui touche à mes valeurs, plutôt qu'une préférence ou une action précise qui éveille mes sentiments. A cet effet, le vocable :

« Parce que j'ai besoin de / j'accorde de l'importance à » est celui utilisé pour une expression facile.

Une caractéristique particulière des besoins est qu'ils sont universels et indépendants de tout contexte, c'est-à-dire ne se rattachent ni à une action particulière, ni à une personne, ni à un objet. On dira par exemple : « j'ai besoin d'amour » au lieu de « j'ai besoin de toi » ; ou encore « j'ai besoin d'aide, serais-tu d'accord d'aller au marché pour faire x et y chose... » au lieu de « j'ai besoin que tu ailles au marché ». De plus, ils s'expriment en terme positifs. Par exemple : au lieu de dire « j'ai besoin que tu ne fasses pas de bruits » je dirais plutôt que : « j'ai besoin de calme ».

Tout ça c'est bien beau. Mais lorsque je communique, je ne vais pas perdre mon temps à dire j'ai besoin de si ou de ça, tout ce que je veux c'est que la chose soit faite.

Oui, je comprends que le résultat est important pour toi. Evidemment nous allons travailler sur le résultat, sans toutefois oublier la relation, qui est aussi importante. En effet, lorsque nous sommes déjà conscients de nos besoins, nous faisons confiance à la vie ou à l'autre. Il existe bel et bien une multitude de stratégies pour les combler. Nous chercherons à répondre à nos besoins dans un esprit de coopération plutôt que dans une attitude agressive. Ainsi, dans le sens de la CNV, on peut classer les besoins en trois grands groupes : les besoins vitaux (manger, boire, respirer, éliminer...), les besoins de sécurité (sécurité matérielle, sécurité affective...) et les besoins d'épanouissement de l'être humain (besoin de contribuer, besoin de sens, besoin d'écoute, ...).

Nous faisons donc la différence entre besoin et stratégie, celle-ci est une action que l'on met en œuvre pour satisfaire nos besoins. Exemples : je voudrais que tu transportes ces objets (besoin d'aide). Je veux que tu restes avec moi (besoin de compagnie).

Il y a donc un nombre infini de manières de satisfaire les besoins. Nous restons attachés au besoin qui doit être reconnu. En revanche, nous nous détachons de la stratégie. Et comme on le dit : « Lâcher une stratégie sans abandonner son besoin est la clé qui ouvre à l'abondance. »

Tu sais César, c'est un langage auquel nous ne sommes pas habitués, nous avons comme été coupé de nos besoins. Et quel est donc le lien direct avec la colère ?

Nous avons vu les jours précédents que, ce sont nos pensées (celles qui jugent, critiquent, reprochent) qui nourrissent notre colère. C'est en fait la cause. Mais l'origine de notre colère, ce sont nos besoins insatisfaits. En d'autres termes, lorsque nous sommes en colère, nous avons des besoins importants qui ne sont pas satisfaits. Ça peut-être des besoins d'écoute, d'acceptation, de réparation, de justice, de reconnaissance, etc. C'est donc important pour mieux gérer sa colère de se connecter à ses besoins, au lieu de rester dans ses jugements.

La prochaine fois que tu seras en colère, demande-toi quels sont les besoins insatisfaits qui sont à l'origine de ta colère. Tu verras comment l'intensité de ta colère va baisser et peut-être d'autres sentiments moins intenses vont naître en toi.

Mes premiers pas vers la gestion de la colère

Voici une liste de besoins qui n'est pas exhaustive et qui peut te permettre d'enrichir ton vocabulaire.

BESOINS PHYSIOLOGIQUES

- Abri
- Respiration
- Alimentation
- Évacuation
- Hydratation, eau
- Mouvement
- Repos
- Reproduction
- Santé

BESOINS DE SÉCURITÉ

- Paix
- Protection
- Réconfort
- Sécurité (affective et matérielle)
- Soutien

BESOINS D'APPARTENANCE

- Acceptation
- Accueil de l'autre
- Affection
- Aide
- Amitié
- Amour
- Appartenance
- Appréciation
- Attention
- Compagnie
- Compréhension
- Confiance
- Connexion
- Coopération
- Donner
- Ecoute
- Empathie
- Equité
- Honnêteté
- Interdépendance
- Intimité
- Justice
- Ouverture
- Partage
- Présence
- Respect
- Sincérité

LIBERTE

- Appropriation de son pouvoir
- Autonomie

o   Émancipation

o   Indépendance

o   Souveraineté

IDENTITÉ

o   Affirmation de soi

o   Authenticité

o   Confiance en soi

o   Connaissance de soi

o   Estime de soi /de l'autre

o   Intégrité

o   Respect de soi /de l'autre

RECREATION

o   Défoulement

o   Détente, rire

o   Jeu, loisir

Relaxation

CÉLÉBRATION

o   Contribution à la vie

o   Partage des joies et des peines

o   Reconnaissance

ACCOMPLISSEMENT DE SOI

o   Beauté

o   Choix de ses projets de vie, valeurs, opinions, rêves ...

o   Création

o   Découverte

o   Évolution – apprentissage

o   Inspiration

o   Réalisation

ORDRE SPIRITUEL

o   Communion

o   Harmonie

o   Lâcher-prise

o   Ordre

o   Paix

o   Sérénité

o   Silence

o   Transcendance

Maintenant que nous avons abordé le thème des besoins, voici un exercice que tu pourras faire régulièrement qui t'amènera à prendre la responsabilité de ta colère. Il s'agit chaque fois que tu es en colère de remplacer la phrase : « je suis en colère parce qu'il … » par « je suis en colère parce que j'ai besoin de … » quand tu es relié à tes besoins ; ou par « je suis en colère parce que je me dis que … », tout en réfléchissant aux pensées qui trottent dans ta tête.

Exemples : « Je suis en colère parce que tu traverses la route sans regarder. » devient « Je suis en colère parce que j'ai besoin de me rassurer que tous les membres de ma famille sont en sécurité. » ; « Tu m'énerves quand tu fais ça. » devient « Je suis en colère parce que je me dis que tu n'as pas le droit d'agir ainsi après tout ce que j'ai fait pour toi. » ; « Cela me déçoit beaucoup quand tu ne me dis rien. » devient « Je suis en colère parce que j'ai besoin d'être rassuré de ta collaboration. »

J'avoue que c'est un langage auquel je n'étais pas habitué, cela demande vraiment de pouvoir s'arrêter et de s'interroger sur soi-même, avant d'agir. Toutefois, je reste satisfait de l'échange d'aujourd'hui.

Ainsi s'achevait notre entretien de ce jour sur les besoins. Nous avons fixé la date pour le prochain rendez-vous.

Exercice pratique 9 : Enrichir son vocabulaire de besoins en consultant par exemple la liste ci-dessus ou tout autre liste.

Chapitre 10

L'expression de la colère sans agression

« Lorsque nous prenons conscience de nos besoins, la colère cède la place à des sentiments qui servent la vie. » Marshall B. Rosenberg

Enfin le jour est arrivé où j'allais apprendre concrètement comment exprimer ma colère sans agressivité. J'avais déjà fait des progrès considérables sur la gestion de ma colère. Tout ce savoir acquis jusqu'à présent m'avait permis de mieux la connaître et de commencer à la traiter en alliée. Comment donc exprimer pleinement ma colère ? Comment vraiment exprimer ma colère sans agresser l'autre ? Telles étaient les questions qui me traversaient l'esprit depuis que nous avions commencé ce programme. J'allais donc à présent avoir les clés pour être authentique sans être agressif.

A présent voyons comment avec la Communication NonViolente nous arrivons à exprimer pleinement notre colère, comment nous la mettons au service de la vie.

Voici un extrait du livre de Marshall que je vais lire : « *Pour exprimer pleinement notre colère en CNV, le premier pas est de dégager l'autre personne de toute responsabilité dans cette colère. Il faut tout d'abord reconnaître que l'autre ne porte en rien la responsabilité de nos émotions. Nous écartons toutes pensées du type : « Il ou elle m'a mis en colère en faisant ceci ou cela » - qui n'aboutissent qu'à exprimer superficiellement sa colère en critiquant ou en punissant l'autre. Comme nous l'avons vu, le comportement d'autrui peut certes faire naître en nous tel ou tel sentiment, mais en aucun cas il n'en est la cause.* »[5]

---

[5]Marshall B. Rosenberg, Les mots sont des fenêtres (ou bien ce sont les murs), Ed. La Découverte, Paris, 2002, 2005, p. 180.

En effet, comme nous l'avons déjà dit, c'est la façon dont je perçois ou interprète le comportement de l'autre qui me met en colère et non son comportement. Donc, je ferais attention à mes pensées qui jugent, critiquent ou reprochent l'autre.

Comment exprimer pleinement notre en colère en utilisant la Communication NonViolente ?

Voyons à présent les étapes qui vont nous permettre de nous exprimer. Il est important de garder en tête notre intention avant d'aborder les étapes. Nous nous efforçons d'accorder le même respect à l'autre qu'à nous-même. Autrement dit, nous reconnaissons en l'autre un être humain comme nous, avec qui nous partageons les mêmes besoins. C'est cette reconnaissance qui me permettra d'exprimer ma colère tout en préservant le lien, sans pour autant me renier.

Nous allons donc procéder par étapes :

1. *a.* S'arrêter, *fermer la bouche, respirer profondément*. Au lieu d'exploser, nous allons d'abord nous taire, afin de donner à notre colère toute sa force, pour l'exprimer pleinement.

Ce calme nous permet de nous abstenir de toute initiative visant à critiquer ou à punir l'autre. Il ne s'agit pas évidemment de refouler sa colère ou de la nier. Rappelons-nous que lorsque nous sommes en colère, notre profond besoin est que l'autre entende l'intensité de la souffrance qui est la nôtre, et pour y arriver il est important qu'on s'écoute d'abord. Rappelons-nous également que la vengeance n'est qu'une demande d'empathie déguisée.

b. *Identifier les jugements qui occupent nos pensées.* Ce calme trouvé nous permet maintenant d'écouter les pensées qui nous mettent en colère. C'est l'occasion pour nous d'accueillir toute notre colère en identifiant les pensées qui nous habitent. Nous accueillons également les images ennemies qui nous traversent, ainsi que toutes les images de violence. Pour être authentique, c'est important de bien regarder en face ce qui nous habite sans davantage se juger. Imaginons que nous ressentons de la colère, voire de la rage, en pensant : « Ce n'est pas juste que mon patron diminue mon salaire parce que j'ai assisté aux obsèques de ma grand-mère sans autorisation. Il est inhumain. »

Des images de violence, comme l'idée de lui donner des coups de poing, peuvent traverser mon esprit. Peut-être même le désir qu'un malheur lui arrive, comme un accident. Je vais reconnaître ces pensées telles qu'elles sont, sans les juger.

2.   *Identifier les besoins insatisfaits.* Sachant que ce type de jugement exprime des besoins insatisfaits, nous allons chercher à identifier les besoins inassouvis qui se cachent derrière ces pensées. Si je qualifie mon patron d'inhumain ou de méchant, comme dans l'exemple précédent, c'est peut-être parce qu'à ce moment-là, j'ai besoin de compréhension, de soutien, et peut-être même de respect et de reconnaissance de mes habitudes culturelles.

3.   *Identifier* les nouveaux sentiments qui peuvent se manifester. Maintenant que je me suis relié à mes besoins, je vais accueillir les nouveaux sentiments, moins intenses qui naissent. Il se peut que je ressente dans ce cas précis, de la déception, de la tristesse, du mécontentement. De même, il se peut que de nouveaux besoins émergent.

4. Dire à l'autre ma colère : exprimer nos sentiments et nos besoins insatisfaits. Maintenant que j'ai traduit en termes de besoins et sentiments ma colère, je vais ouvrir ma bouche pour dire ce qui est vivant en moi, et à ce moment, j'ai plus de chance d'être entendu par l'autre de cette façon.

Evidemment, nous aurons besoin d'une bonne dose de courage pour agir ainsi, surtout au début, en ne se laissant pas emporter pour punir ou juger l'autre, car c'est bien plus facile. Nous pouvons commencer à nous exprimer ainsi avec les personnes qui nous sont familières, peut-être en leur disant même que nous apprenons à exprimer notre colère, et ceci surtout pour les personnes qui inhibent leur colère. Quand nous aurons gagné en assurance, nous pourrons facilement le dire à d'autres personnes. Par contre celles qui ont une colère exacerbée, dont le langage est facile, apprendront à parler plus lentement. Ce qui compte c'est surtout de mettre des mots pour dire ce qui se passe en nous.

Toutefois, remarquons qu'exprimer pleinement notre colère ne signifie pas qu'on se contente d'exprimer uniquement nos sentiments et besoins, mais surtout que l'autre ait compris ce que nous vivons comme souffrance. Souviens-toi que lorsque nous sommes en colère, nous avons un besoin profond d'écoute de notre souffrance.

Qu'en est-il alors lorsque l'autre ne veut pas entendre ma colère ? Il se peut qu'à ce moment, la personne concernée ait d'abord besoin que je lui donne de l'empathie, pour pouvoir entendre la souffrance que je vis quand elle a ce comportement. Tu comprends là que, le meilleur moyen de se faire comprendre par quelqu'un est d'abord de le comprendre. Nous reviendrons dessus quand nous parlerons de la place de l'empathie dans la gestion de la colère, notamment à notre prochain rendez-vous.

L'exemple de ce monsieur avec son patron, pourrait donner ceci : « Monsieur, j'ai constaté que ma paye a été réduite de deux jours suite à mon absence pour les obsèques de ma grand-mère (Observation). Je me suis senti vraiment frustré et triste (Sentiments). J'aurais apprécié plus de compréhension et de soutien dans cette épreuve difficile pour moi (Besoins). Est-ce que vous voyez ce que je veux dire (Demande) ? » Et nous poursuivrons la discussion...

Evidemment dans la pratique, lorsque tu t'adresseras à l'autre, ce ne sera pas forcément nécessaire d'utiliser l'observation, le sentiment, le besoin et la demande, au risque que l'autre te voit comme une machine. Parfois l'usage de 2 ou 3 de ces éléments sera suffisamment explicite. Cependant, c'est dans ta conscience qu'il sera important de bien clarifier ces éléments, facilitant ainsi ton langage.

César poursuivit son exposé en prenant un autre exemple : un de tes amis t'avait emprunté de l'argent et c'est le jour du remboursement. Tu as prévu d'utiliser cet argent pour un autre engagement très important pour toi. Tu es donc en attente de son coup de fil ou d'un transfert d'argent dans ton compte. Il est 15 heures tu n'as pas encore reçu de coup de fil ni de message signifiant que tu as reçu un dépôt d'argent dans ton compte. Tu décides de ne pas appeler et de patienter. Il est 18 heures et pas de signe de ton ami. Tu commences à réaliser que tu ne pourras plus honorer ton engagement, puisque l'heure est passée. Une panoplie de sentiments commence à émerger en toi. Du mécontentement à la colère, voire la nervosité. Non seulement tu n'as pas pu remplir ton engagement, mais pire encore il y a un silence total de la part de ton ami, sachant que trois jours à l'avance tu avais envoyé un SMS de rappel. Courroucé, tu décides donc d'appeler, c'est quand même ton ami.

Fort heureusement, son téléphone passe et il te dit qu'il n'avait pas l'argent et ne savait pas quoi te dire. Puis il te dit qu'il ne sait pas quoi faire vu que son plan pour avoir de l'argent n'est plus sûr de marcher. Et ainsi de suite, …

Et maintenant tu décides de lui parler après avoir bien écouté les pensées et discerné tes sentiments et tes besoins. Tu commences par ralentir dans tes conversations, tout en prenant une ou plusieurs profondes respirations. Tu gardes à l'esprit que ton intention ne vise pas à punir l'autre, mais à lui dire toute la souffrance que tu vis en ce moment lorsqu'il agit ainsi. Tu peux lui dire par exemple : « C'est vraiment important ce que je vais te dire. Je suis très mécontent de ne pas recevoir mon argent aujourd'hui, compte tenu de notre accord, parce que j'avais un autre engagement important et urgent pour aujourd'hui qui a échoué. Tu comprends ce que je veux dire ? »

Il se peut qu'il te dise oui.

Sans oublier que notre attitude compte davantage que nos mots, nous nous efforcerons d'agir avec bienveillance, avec un ton calme, mais avec beaucoup de fermeté et d'authenticité, et surtout dans une attitude de respect.

J'ai bien compris la consigne sur la manière d'écouter les sentiments et pensées à la source de ma colère ; d'exprimer ma souffrance consécutive à la non satisfaction de mon besoin. Seulement, il peut arriver que malgré ces efforts, la personne semble ne pas prendre en compte ce que je lui demande, tenir compte de mes propres besoins. Que faire dans ce cas ?

Dans ce cas, je te suggère de lui expliquer les conséquences de cette non collaboration. Parler de ces conséquences ne veut pas dire le menacer, mais lui montrer l'importance que tu accordes à la satisfaction de tes besoins, le tout dans le respect des siens. C'est aussi le moyen de respecter tes besoins au-delà du comportement de l'autre.

Après cette réponse, César poursuivit son propos en me présentant en guise de résumé un tableau intitulé STOP qui m'aiderait à exprimer ma colère, tiré du livre : *Manuel de Communication NonViolente de Lucy Leu*[6].

STOP

(Ne plus se laisser saboter par la colère)

S		T	O	P
Stimulus	Pensées contraignantes (je dois, il faut)	Traduction en besoins	Ouverture aux sentiments	Présentation d'une demande
Ce que dit quelqu'un (ses paroles réelles) : « Espèce d'idiot ! » *Ce que fait quelqu'un (ses*	*Cause de la colère*	*Besoin(s) humain(s) universel(s)*	*Sensations physiques*	*Demande concrète et réalisable* que vous pouvez formuler à vous-

---

[6]Lucy LEU, Manuel de Communication NonViolente (Guide d'exercices individuels et collectifs), La Découverte, Paris, 2005, 2016, p. 209.

actes) : « Il a lancé ton téléphone par terre. » *Une situation, une scène ou un objet précis :* « Vous rentrez chez vous et vous constater que la TV est cassée. »			**Emotions sous-tendant la colère**	même où à une autre personne afin de satisfaire vos besoins dans l'instant.

Avec cet acronyme **STOP**, tu peux garder en mémoire la mécanique. Ce qui est important c'est d'agir dans la conscience de ces éléments-là.

Je commençais déjà à ressentir la fatigue. Il me fallait tout de même chercher à voir s'il n'y avait pas de formule plus réduite. Comme si César avait écouté la voix intérieure qui parlait en moi en ce moment, il continua son propos.

Évidemment, celle que je viens d'aborder avec toi est la plus complète. Toutefois, il y a d'autres stratégies qui pourraient également t'aider à mieux exprimer ta colère sans chercher à entrer dans une spirale de violence. Je me rappelle lors d'un séminaire avoir appris une méthode qui consiste dans un ton ferme et calme à questionner l'intention de celui qui parle. Si par exemple ton collègue dit des choses sur toi que tu ne reconnais pas comme vraies, tu peux lui dire : « quelle est ton intention quand tu dis cela ? » ou encore « que veux-tu que je comprenne ? » Et dans ce cas, ton objectif est de comprendre les raisons qui l'amènent à s'exprimer ainsi. Tu ne cherches pas à attaquer, ni à te défendre. Tu restes dans une attitude d'écoute. Tu te rappelles que derrière ce qu'il vient de dire, il y a des sentiments et des besoins.

Une autre méthode serait par exemple, de réagir en affirmant les faits, tout en différenciant cela des jugements. Imaginons que ton épouse te dise que la robe que tu viens de lui offrir à son anniversaire est très moche. Alors, ressentant de la colère, tu pourrais prendre quelques respirations profondes et lui dire ensuite dans un ton calme que : « C'est vrai que je viens de t'offrir une robe. Que tu la trouves moche, c'est juste une opinion ». Evites de rebondir en jugeant l'autre ou en le critiquant. Cela ne fera qu'entraîner plus de violence.

Voilà comment avec ces quelques astuces tu pourras exprimer sainement ta colère. Avec la pratique, tu développeras de meilleurs réflexes.

Ce jour-là, nous avions achevé les échanges par un exercice pratique, et jusqu'aujourd'hui, je continue de le faire.

Exercice pratique 10 : Tu peux faire cet exercice par écrit ou mentalement.

Rappelle-toi d'une scène de colère que tu as vécue. Identifie les éléments suivants :

1. L'observation : l'élément déclencheur ou le stimulus de ta colère (ce que la personne t'a dit – ses paroles réelles -, ce qu'a fait cette personne, ses actes concrets, une situation ou une scène précise) ;
2. Les pensées (jugements, reproches, critiques) : cause de la colère ;
3. Les besoins insatisfaits chez toi ;
4. Les nouveaux sentiments : sensations physiques – émotions – sentiments ;

5. La demande concrète et réalisation que tu pourrais formuler à toi-même ou à une autre personne pour satisfaire tes besoins.

Chapitre 11

La place de l'empathie dans nos expériences de colère

« Lorsque nous entendons les sentiments et les besoins de l'autre, nous renouons avec l'humanité qui nous est commune. » Marshall B. Rosenberg

Cela fait déjà quelques mois que je suis ce programme. Ayant déjà fait un pas énorme dans la gestion de la colère, j'avoue que ce n'est pas facile de se retenir avec les personnes qui comptent vraiment pour toi. Je me rappelle encore la semaine dernière où j'ai donné une gifle à mon enfant, parce que j'avais ras-le-bol de lui rappeler de faire les travaux domestiques pour lesquels il s'est engagé. J'aimerais tellement qu'il puisse faire certaines choses sans qu'on ne soit derrière lui pour les lui rappeler. Bref, allons sur ce que César m'a dit lors de notre rendez-vous, dont le sujet parlait de l'importance de l'empathie dans la gestion de la colère.

Mon cher Colbert, raconte-moi quelques expériences où tu es arrivé à exprimer pleinement ta colère et sans agressivité.

C'est à ce moment que je lui relatais une expérience avec mon épouse et une autre avec un collaborateur. Je ne suis pas encore arrivé à le dire avec quelqu'un qui ait de «l'autorité» sur moi.

Oui, je vois. Cela viendra probablement avec le temps. Commençons par revisiter ce que nous nous sommes dits la dernière fois. Nous avons vu les quatre manières d'entendre un message difficile. Nous savons que quand je choisis de prendre le message contre l'autre en le jugeant ou critiquant, c'est-à-dire que je rejette la faute sur lui, j'augmente mes chances de ressentir de la colère. Si nous voulons sortir de la spirale de la violence, il est temps pour nous de porter notre attention sur les besoins qui sont présents chez moi ou chez mon interlocuteur. C'est en ce sens que l'empathie joue un rôle fondamental dans la gestion de la colère. Plus nous écoutons notre interlocuteur (empathie), plus il nous écoute.

Imagine que tu surprennes ton adolescent concentré sur ce qu'il fait. Tu lui demandes ce qu'il fait et il te répond : « rien du tout ! » Subitement, tu écoutes la vibration d'un téléphone et tu soupçonnes que c'est sur lui. Tu lui demandes et il te répond qu'il n'a pas de téléphone et qu'il veut bien appliquer la règle « pas de téléphone pendant l'année scolaire ». Cependant après insistance tu te rends compte qu'il l'a mis dans son caleçon. Tu rappelles que l'usage du téléphone est interdit et que vous étiez d'accord sur cette règle, surtout que c'est la troisième fois que cela se produit. Tu commences à fulminer et une forte colère t'envahit. Tu as envie de lui donner une bonne leçon en le traitant de tout. Et voilà que tu commences à déverser ta violence sur l'enfant. Puis, subitement, tu te rappelles que tu suis un accompagnement sur la gestion de la colère et que tu voudrais agir différemment. Tu te rappelles que tu as le choix dans la façon d'entendre le message de ton enfant. Tu veux porter ton attention sur les sentiments et besoins qui émergent en toi et en ton enfant. Tu prends un temps d'arrêt. Tu fais cinq grandes respirations et tu commences à prendre conscience des pensées qui te traversent l'esprit. Tu prends conscience de tes pensées : « mince encore toi ! Tu mens comme tu respires ! Tu vas vraiment devenir un mauvais enfant et sans la chicotte je vais te perdre. Je vais te donner une bonne leçon ! ». Tu t'imagines entrain de battre l'enfant et de brûler son téléphone. Puis, tu prends conscience que tes besoins de respect, de sincérité et d'être rassuré de la qualité d'éducation que reçoit l'enfant ne sont pas nourris. Tu te sens triste et embarrassé. En même temps, tu portes ton attention à ce que traduit le comportement de l'enfant. Tu entends qu'il a eu peur et qu'il avait besoin de se protéger. Tu comprends aussi qu'il y a peut-être d'autres besoins, par exemple de tendresse, d'amitié ou d'appartenance qu'il cherche à combler avec ce téléphone. Une fois, que tu as clarifié cela en toi, tu décides donc de parler de tout cela avec l'enfant. Évidemment ce n'est pas facile, cela vaut tout de même la peine d'essayer d'être empathique à son égard. Voici un exemple de dialogue que tu pourrais avoir avec lui :

- Parent : J'imagine que tu as peur des représailles et tu cherches à te protéger, n'est-ce pas ?

- Enfant : Dans un silence, il baisse la tête.

- Es-tu silencieux parce que tu ne sais quoi dire ?

- Oui ! J'ai honte et je sais que tu vas me punir.

- Tu as donc peur de la sanction que tu pourrais recevoir ?

- Oui !

- Maintenant, je vais partager avec toi ce qui se passe en moi dans de telle circonstance. Quand j'ai entendu le téléphone vibrer sur toi et que tu me dises que tu ne l'as pas, j'ai ressenti une énorme colère et j'ai eu marre de devoir revivre cette même situation. A un moment donné, j'ai eu une profonde tristesse et une douleur parce que j'espère vivre une relation de confiance et de respect avec toi. J'ai l'impression que ce qu'on s'est dit la dernière fois n'a plus de sens pour toi. Tu comprends ce que je veux dire ?

-   Je te demande pardon papa.

-   C'est bien de demander pardon. Mais avant, j'aimerais que tu entendes toute la souffrance que je vis en ce moment en voyant ton comportement. Tu peux me le dire en tes propres mots ?

-   Euh… que tu es en colère parce que ce que j'ai fait est mal.

« *A partir du moment où notre interlocuteur pense qu'il a fait quelque chose de mal, il ne prend pas toute la mesure de notre douleur.* » *Marshall B. Rosenberg*[7]

-   J'aimerais que tu entendes la profonde tristesse que j'ai ressentie quand tu m'as dit que le téléphone n'était pas sur toi, parce que j'aurais aimé vivre une relation de confiance et d'honnêteté avec toi.

-   Dans un silence à nouveau le fils baisse la tête ; puis s'exprime : je comprends papa.

---

[7] Marshall B. Rosenberg, Les mots sont des fenêtres (ou bien ce sont les murs), Ed. La Découverte, Paris, 2002, 2005, p. 192.

-       Je veux être rassuré que j'ai été entendu comme je voudrais.

-       Papa, tu dis que lorsque je t'ai dit que je n'ai pas de téléphone, tu as éprouvé une grande tristesse parce que tu aurais aimé plus de confiance entre nous, surtout que je m'y étais engagé.

-       C'est ça ! Et comment tu te sens avec cela ?

-       C'est pénible pour moi papa. J'aimerais tellement que tu sois fier de moi et en même temps avoir un certain moment pour communiquer avec mes amis. C'est important pour moi de garder notre amitié.

-       Ah oui ! Je comprends que c'est important d'être avec des amis. Tu te rappelles que l'utilisation du téléphone pendant l'année scolaire avait été interdite parce que je voudrais être rassuré que toutes les chances sont de ton côté pour avoir de bonnes notes.

La conversation a continué jusqu'au moment où le fils décide de faire une nouvelle proposition à son père.

- Papa, et si je t'assurais de meilleures notes, tu pourrais me laisser utiliser le téléphone une fois par semaine ?

- Beuh ! Ok. On va essayer cela et voir ce que cela va donner. Mais avant, on attend tes prochains résultats avant de mettre cela en pratique. Ça marche pour toi ?

- Oui papa !

- Et comment je m'assure que la prochaine fois tu me diras les choses telles qu'elles sont ? Que tu me parles avec sincérité ?

- Je m'engage aussi à nouveau là-dessus, papa. Puisque je sais que tu vas m'écouter, je vais te dire la vérité.

Voilà donc comment l'empathie peut t'aider à désamorcer le cycle de violence. Tu as vu que c'était important de manifester à l'enfant que tu as reconnu et compris ses besoins, pour qu'il se sente en sécurité et confiant, et puis lui manifester également tes ressentis et besoins. C'est aussi l'occasion de parler avec fermeté et respect, et d'imaginer ensemble d'autres stratégies pour nourrir les différents besoins. Il n'est pas question de céder sur tes besoins. Mais de dire toute ta colère avec bienveillance.

Rappelons-nous donc que lorsque nous sommes en colère, ce dont nous avons besoin, c'est que l'autre entende vraiment notre souffrance. Et si l'autre n'arrive pas à manifester aussi de l'empathie, il se peut qu'il entende seulement des critiques ou qu'il voit la punition. C'est le temps pour nous de ralentir un peu pour être rassuré que notre souffrance est entendue.

Ça n'avait pas été facile pour moi de voir que je suis en colère, et c'est encore à moi d'offrir l'empathie à l'autre. Cependant, j'avais bien compris le sens de l'empathie dans mes expériences de colère. Il était temps pour moi de pratiquer.

Exercice pratique 11 : Apprenons à offrir de l'empathie à quelqu'un qui a dit ou fait quelque chose qui a suscité chez nous de la colère.

Chapitre 12

Quelques stratégies face à la colère

Une colère partagée est déjà en grande partie apaisée.

J'avais hâte de rencontrer César et de lui parler à nouveau de mes victoires cette semaine sur ma colère. En fait, je venais de passer deux semaines sans exploser de colère et ce dans un contexte professionnel de fin d'année où nous sommes le plus sollicités pour le bilan et les prévisions. D'habitude pendant cette fin d'année où le stress est intense, j'ai du mal à tenir et cette fois-ci, j'ai réussi à ne pas diriger ma colère contre mes collaborateurs ou encore ma famille.

Colbert, je perçois une immense joie sur ton visage. Je désire entendre ce qui te met dans un tel état.

C'est en ce moment que j'ai pris tout mon temps pour partager avec lui ce qui me tenait à cœur à ce moment-là.

Après ce temps d'écoute, le moment était venu d'aborder le sujet du jour. Et César allait commencer en me racontant une très belle histoire. Ce qui me marqua plus ce jour-là, c'était la manière dont il la raconta. Certainement vous la connaissez. Cependant, ça fait du bien de la relire une fois de plus.

C'est l'histoire du samouraï et du pêcheur. C'est une histoire qui se passe au Japon, dans les temps anciens. Il y avait un samouraï qui était connu pour sa grande générosité, notamment envers des gens humbles.

Un jour, il lui fut confié une mission à mener dans un village voisin. Une fois sa mission achevée et sur le point de rentrer chez lui, il aperçut un pêcheur attristé. Ce dernier sanglotait. Ayant décidé de s'approcher de lui, il lui demanda ce qui n'allait pas. Le pêcheur raconta qu'il était sur le point de perdre son bateau, parce qu'il devait de l'argent à un commerçant de la région. Et comme il n'avait pas de quoi rembourser sa dette, le prêteur avait décidé de retenir son bateau en garantie. Or, si le pêcheur perdait son bateau, il n'aurait plus les moyens de travailler et sa famille pourrait mourir de faim.

Le samouraï l'écouta attentivement et fut ému par la triste histoire de ce pêcheur. Sans la moindre hésitation, il décida de lui venir en aide et lui remis de l'argent pris dans son sac. « Ce n'est pas un cadeau », lui dit-il. Il ne pensait pas qu'il était bon de donner des choses dans la mesure où cela stimulait la paresse. « Il s'agit d'un prêt. Je reviendrai dans 1 an pour récupérer mon argent. Soit tranquille, je ne prendrai aucun intérêt. » Le pêcheur était stupéfait et tout joyeux, il remercia infiniment le samouraï pour ce geste. Il promit qu'il le rembourserait au moment convenu.

1 an était passé. Le samouraï revint au village espérant que le pêcheur lui rembourserait l'argent qu'il lui avait prêté. Il était donc tout

fier quand il arpentait les rues du village, espérant que son aide avait permis au pêcheur d'améliorer ses conditions de vie. Malheureusement, lorsque le samouraï chercha le pêcheur à l'endroit même où ils s'étaient rencontrés 1 an auparavant, il ne vit personne. Il demanda aux autres pêcheurs vus dans le coin, et personne ne savait où le trouver. Plein d'inquiétudes, il rencontrait plus tard un autre pêcheur qui lui indiquait où vivait ce pêcheur qu'il cherchait tant. A nouveau rempli d'espoir, il se rendit enfin chez lui.

Lorsqu'il arriva chez lui, il ne trouva que la femme du pêcheur et ses enfants. Ces derniers jurèrent qu'ils ne savaient pas où il était. Le samouraï se rendit compte de la supercherie qui était en train de se passer. En effet, le pêcheur s'était caché pour ne pas avoir à rembourser sa dette.

Se rendant compte de la duperie du pêcheur, le samouraï se mit en colère. Il était inadmissible pour lui que sa générosité soit payée par une escroquerie. Il se mit donc à le chercher sous les rochers et le trouva finalement près d'une falaise. L'homme se cachait à cet endroit. A la vue du samouraï, il fut terrifié. Dans sa peur, il parvint à lui dire que la pêche avait été très mauvaise et qu'il n'avait pas d'argent pour le payer. « Ingrat ! » Cria le samouraï. « Je t'ai aidé lorsque tu en avais le plus besoin ! Et c'est ainsi que tu as décidé de me payer ? » Le pêcheur ne savait quoi dire. Alors, brûlant de colère, le samouraï prit son épée pour le punir.

« Je suis désolé », déclara alors le pêcheur. Puis il ajouta les mots suivants : « Si votre main se lève, restreignez votre colère ; si votre colère monte, restreignez votre main. » Le samouraï s'arrêta. Malgré tout, le pêcheur avait raison, se dit le samouraï. La colère se dissipa et les deux convinrent d'un délai supplémentaire d'1 an pour le remboursement de la dette.

De retour chez lui, et encore fâché de ce qui était arrivé avec le pêcheur malgré l'arrangement, il vit la lumière provenant de sa chambre. Surpris de ce qu'il y ait de l'éclairage à cette heure de la nuit, il s'approcha doucement et remarqua que sa femme était au lit. Étonné de voir qu'elle n'est pas seule, il remarqua en s'approchant qu'il s'agissait d'un samouraï. Sans hésitation, il sortit son sabre pour entrer et en finir avec la personne. Il s'en souvient subitement des paroles du pêcheur : « Si votre main se lève, restreignez votre colère ; si votre colère monte, restreignez votre main ». Tout à coup, il prit une profonde inspiration et parla à haute voix : « Je suis de retour ! ».

Sa femme sortit de la chambre, heureuse de voir son mari. Derrière elle, sortit la mère du samouraï. « Regarde qui est là ! », lui dit sa femme. Elle avait eu peur de rester seule, raison pour laquelle elle avait demandé à sa belle-mère de l'accompagner. La mère du samouraï avait endossé les vêtements de son fils au cas où un voleur arriverait. S'il la voyait, il penserait qu'il s'agissait d'un guerrier et ne se serait donc pas approché.

1 an plus tard, le samouraï retourna au village des pêcheurs. Cette fois-ci, le pêcheur l'attendait, il disposait de l'argent pour payer sa dette, puisque l'année avait été très bonne. En le voyant, le samouraï l'étreignit. « Garde cet argent ! », lui dit-il. « Tu ne me dois plus

> rien. C'est moi qui suis à présent ton débiteur », ajouta-t-il.
>
> Ainsi s'achève l'histoire de ce samouraï et de ce pêcheur.

Une telle histoire renferme plusieurs leçons. Ce qui est intéressant à retenir ici, c'est de ne pas agir sous le coup de la colère. Avant d'agir, laisser d'abord la colère s'apaiser et ensuite nous aurons suffisamment de lucidité pour passer à l'action. Que de regrets parce qu'on n'a pas su se retenir face à une colère. La vie est pleine d'histoires dramatiques parce que des personnes ont agi sous le coup de la colère.

Ça me rappelle une citation de *Confucius* que j'ai lu dernièrement : « *Un homme en colère est plein de poison.* » lui disais-je.

Voyons à présent quelques stratégies que nous pouvons mettre en œuvre face à une colère. Certaines de ces stratégies sont plus efficaces que d'autres, car elles permettent de prendre conscience de l'émotion et d'apporter une réponse appropriée ; et d'autres par contre, permettent juste d'apaiser l'émotion.

Parmi celles qui sont les plus efficaces, nous pouvons citer entre autres :

1.	*Exprimer pleinement sa colère en utilisant soit la méthode de la CNV ou bien d'autres comme nous l'avons vu dans un chapitre précédent.* En CNV, l'expression de la colère se résume en quelques étapes. En dégageant l'autre de la responsabilité de notre colère, nous nous arrêtons et respirons profondément ; puis nous identifions les jugements qui occupent nos pensées ; ensuite nous renouons le contact avec nos besoins ; et enfin nous exprimons à l'autre nos sentiments et besoins insatisfaits ; sans oublier de faire une demande ou passer à l'action pour prendre soin de nos besoins.

2.	*Parler à quelqu'un* : nous savons qu'une peine partagée diminue son impact. En parlant de notre colère à une personne adéquate, nous recherchons une écoute empathique et du soutien pour nous permettre ainsi de gérer l'émotion et de passer à l'action si nécessaire.

3.	*Ecrire* : l'écriture est un excellent moyen de mettre de la clarté dans ce que nous vivons. Ainsi, lorsque j'écris, sans jugement ni censure, je permets à mon cerveau d'accéder à des pistes de solutions.

Par ailleurs, d'autres stratégies moins efficaces, permettent au moins d'apaiser la tension du moment, quitte à revenir dessus plus tard. Elles nous permettent au moins de porter notre attention sur une autre chose, ce qui a pour conséquence d'apaiser l'émotion à ce moment-là. Plus tard, nous avons la possibilité de revenir sur les besoins non satisfaits afin de les traiter. Ces stratégies pratiquées régulièrement ont l'avantage de nous aider à garder la bonne humeur et par conséquent de moins nous énerver. Il s'agit par exemple de :

1. *Relativiser les choses et rire un peu de la situation.* Ne te prends pas trop au sérieux. C'est donc l'occasion de pratiquer le lâcher-prise ou le détachement face à certaines situations.

2. *Lire des livres inspirants ou passionnants.* Cela va faire naître chez toi un ensemble de sentiments agréables, lesquels conduiront à créer un moment de détente et à apaiser ta colère. Il

est difficile d'être en même temps détendu et en colère.

3.   *Regarder des vidéos inspirantes* qui vont susciter chez toi des sentiments agréables.

4.   *Ecouter de la musique et même chanter.* Comme on le dit souvent, la musique berce l'âme, et chanter détend tout le corps et l'esprit.

5.   *Faire du sport.* La pratique du sport, surtout celui fait hors cadre professionnel, sans une exigence particulière, est très bénéfique pour l'organisme. Il apaise les tensions en nous, notamment le stress.

6.   *Pratiquer un art.* La pratique d'un art qui nous passionne stimule en nous des émotions agréables. Pourvu que nous le fassions comme un loisir.

7.   *Regarder vers le haut* permet de prendre de la distance vis-à-vis de ses émotions. C'est peut-être quelque chose de banal, mais à ce moment-là, notre attention est dirigée vers autre chose avec comme conséquence la baisse d'intensité de la colère.

8. *Faire des exercices de respiration* : ceci est de plus en plus démontré et pratiqué par un bon nombre de personnes. Le simple fait d'inspirer et d'expirer profondément, doucement, permet également d'abaisser les tensions dans le corps.

9. *Changer de pensées* : penser à un autre sujet que celui qui vous met en colère. Cela va créer la diversion et votre colère va s'apaiser voire disparaître. Elle se traduit souvent par le silence. Ou encore se projeter dans quelques années (3, 5 voire 10 ans) en se demandant si ça vaut vraiment la peine de se mettre en colère face à telle situation. De même, tu peux juste changer de point de vue, par exemple en relativisant ce qui arrive ou en sortant de la comparaison. Voir par exemple les choses qui marchent au lieu de celles qui ne marchent pas. Et bien d'autres.

Il y a d'autres stratégies d'évitement qui sont pratiquées et qui sont malheureusement très souvent néfastes, car non seulement elles sont un dommage pour notre santé, mais en plus elles créent une dépendance. C'est le cas de la consommation des produits nocifs pour la santé à une certaine dose (nourriture, boissons, médicaments, etc.), ou de se laisser aller à ses passions (sexe, jeux, etc.).

Et qu'en est-il de la prière ? Lui demandais-je.

Ah ! J'allais oublier. Effectivement, la prière est aussi une stratégie efficace pour gérer la colère, surtout pour les croyants. Nul ne peut douter la puissance de la prière dans la transformation d'une personne. J'en connais beaucoup qui à force de prières sont arrivés à apprivoiser leur colère. Évidemment, cela s'accompagne toujours d'actions. J'imagine que dans ta foi tu en as des exemples, et que cela t'a déjà été recommandé. Et puisqu'il en est ainsi, je te suggère donc de l'ajouter à la liste de stratégies énumérées plus haut.

De même, la qualité de notre alimentation influence sur notre humeur. Par exemple, des enfants qui consomment régulièrement des produits très sucrés de l'industrie agroalimentaire deviennent de plus en plus agressifs. En consommant certains aliments (les fruits par exemple) qui sont plus digestes et énergiques, nous sommes susceptibles d'avoir plus d'énergie et une meilleure humeur. Nous avons tous l'expérience néfaste de la constipation sur notre niveau d'énergie et d'humeur. Tu peux vérifier tout ceci par ta propre expérience.

Après un court moment d'échange sur les 2 stratégies que je pourrais commencer à mettre en place à partir du jour qui suivait, nous nous séparâmes. Ainsi s'achevait mon entretien de ce jour-là.

Exercice pratique 12 : Prendre conscience de sa stratégie.

1. Reconnaître sa stratégie habituelle et voir dans quelle mesure l'améliorer.
2. Se familiariser avec l'une des 3 premières stratégies (méthode de la CNV, parler à quelqu'un et écrire) et voir comment l'intégrer au quotidien dans sa vie lorsque je vis des situations de colère.
3. Se remémorer une des fois où l'on a été en colère sans que cela n'ait été traité et appliquer une des 3 stratégies ci-dessus.

Chapitre 13

Comment faire face à une personne agressive ?

« Lorsque nous entendons les sentiments et les besoins de l'autre, nous renouons avec l'humanité qui nous est commune. » Marshall B. Rosenberg

J'attendais impatiemment cette rencontre avec César. Je n'en pouvais plus de ces personnes agressives qui explosent au moindre mot qui les contrarie. C'est de plus en plus fréquent, le niveau de violence augmente. Si la violence physique est de moins en moins vue, la violence verbale, voire psychologique existe de plus en plus. J'avais plein de questions à poser à César. Que dois-je faire face à une personne qui a tort et devient pourtant agressive, ou encore se met sur la défensive comme si elle a raison ? Suis-je supposé ravaler toute ma colère et ne rien dire parce que je ne veux pas/plus de problèmes ?

En attendant, je pensais aux différents points que nous avions abordés ensemble, depuis qu'il m'accompagne. Je suis déjà arrivé à reconnaître mon style d'expression dominante de la colère, à l'exprimer sainement. J'ai appris à l'exprimer dans le respect de mes besoins et ceux des autres. J'ai également appris à ne plus l'inhiber ou l'exacerber et encore moins à la déguiser, car non seulement ces façons conduisent à perdre ou gagner, mais elles produisent beaucoup de maux dont le stress, la dépression, la violence ou les jeux de pouvoir comme la manipulation de l'autre. Enfin, j'ai surtout appris comment transformer mes jugements en besoins. J'ai cessé d'avoir peur de ressentir la colère, je sais à présent qu'elle a une information à me communiquer.

C'est dans ces pensées que César m'a retrouvé au lieu du rendez-vous. Après les salutations et questions de routine du début, nous avons entamé le sujet du jour.

J'étais pressé d'aborder le sujet du jour. Dis-moi César, comment faire face à une personne agressive ?

Tu te souviens que nous avons vu que lorsqu'une personne est en colère, ce dont elle a le plus besoin c'est qu'on entende vraiment sa souffrance, qu'on la reconnaisse dans ses besoins. A cet effet, l'outil que nous allons utiliser pour apaiser la personne est l'écoute active ou l'empathie.

Imagine que tu as en face de toi une personne agressive. C'est peut-être ton frère, un parent ou ton partenaire qui explose de colère, parce que c'est la dixième fois qu'il te dit de diminuer la quantité de sel quand tu fais la cuisson. Cette personne te fait des reproches au point où cela engendre ces jugements aussi chez toi. Heureusement, tu retrouves ton calme après avoir pris conscience du besoin qui est en toi, et tu as à cœur d'apaiser la situation.

Tu te rappelles qu'il est dangereux de vouloir raisonner une personne en colère ou de répliquer en lui montrant qu'il a tort ; qu'en ce moment-là, la personne n'est peut-être pas disposée à entendre autre chose parce qu'elle est en souffrance. Tu te rappelles aussi que l'agressivité est l'expression maladroite d'un besoin insatisfait. Et enfin, tu sais qu'en entendant les besoins et sentiments de l'autre, tu te relies à son humanité qui est aussi la tienne. Evidemment, elle n'a pas le droit de déverser sa colère sur toi, mais bien de ressentir de la colère. C'est donc à ce moment que tu offres de l'empathie en écoutant son ressenti et son besoin. Il s'agit principalement de reconnaître ce qui est vivant en lui en termes de sentiments et de besoins, cela ne veut pas dire que tu t'engages à les satisfaire et en plus que tu es d'accord. Toutefois, tu sais que cela contribue à rétablir la connexion et à respecter l'humain qui est en face de toi. Et qu'après, vous pouvez peut-être voir ce qui pose problème, et y remédier si cela est de ta responsabilité. Ainsi, je peux réagir en disant par exemple : « Tu en as marre de répéter chaque fois la même chose, surtout que l'excès de sel peut nuire à ta santé ? » (Sentiment : en as marre ; besoin : prendre soin de sa santé.)

Tu continueras de lui offrir de l'empathie en reflétant ce qui est vivant en lui, jusqu'à ce que tu ressentes un apaisement. Et ensuite, tu peux aussi lui exprimer à ton tour ton ressenti et ton besoin. Par exemple : « Je suis embêté lorsque je réduis le sel parce que le goût que je recherche n'est plus satisfaisant. En même temps, j'ai à cœur d'offrir à tous un repas agréable. Du coup, comme c'est la quantité de sel qui cause problème, comment pouvons-nous faire pour prendre en compte nos besoins, celui de goût et de santé ? » Tu vois que j'ai directement enchaîné avec la demande ; et comme il est apaisé, il se peut qu'il soit plus ouvert à m'écouter, puis à résoudre le conflit. Et ensemble vous imaginez les solutions possibles. Tu gardes à l'esprit que la solution doit tenir compte de vos besoins mutuels, et qu'il y a une multitude de stratégies.

Tu comprends alors que l'empathie est fondamentale pour apaiser une personne agressive. Puisque nous commençons par reconnaître son sentiment et son besoin, quelle que soit la manière dont la personne s'est exprimée afin de rétablir la connexion. Cela fait du bien à cette personne agressive et elle se sent apaisée. Puis, nous exprimons également notre ressenti et besoin. Et parce que la confiance est rétablie, il est possible d'aborder le problème qui suscite la colère, pour ensuite chercher à négocier une solution. Je garde en esprit que reconnaître le besoin ne veut pas dire que je vais absolument le satisfaire, et qu'il est important de prendre son temps. Cependant, si j'estime que je suis la personne lésée, je peux commencer par exprimer mon ressenti et besoin après avoir pris un bon moment de calme.

Ah ! C'est difficile de garder sa bienveillance face à une personne qui fait tout pour nous énerver.

Hum ! Voilà un autre jugement ! Je sais bien que c'est parfois difficile de garder notre calme face à une personne avec qui nous vivons et qui, constamment affiche un tel comportement. D'autant plus si nous avons une certaine autorité sur elle. Nous voulons à ce moment juste répliquer pour la mettre à sa place ou encore lui faire savoir que c'est à elle de nous obéir. Tu sais, il y a un commentaire de *Marshall B. Rosenberg* qui m'aide beaucoup quand je suis dans de telles circonstances. Je le cite pour toi : *« J'accepte tout ce qu'un être humain peut faire car il le fait toujours pour les mêmes raisons que moi je fais les choses, c'est-à-dire pour répondre de la meilleure façon et la plus accessible pour satisfaire ses besoins. Cela ne veut pas dire que j'accepte la violence de ses actes. Ce qui m'importe est de lui montrer qu'il existe d'autres stratégies pour satisfaire nos besoins. La partie la plus difficile est de transformer la manière de penser. »*[8]

En effet, comment cette personne agressive pourrait-elle faire attention à nous si nous avons du mal à reconnaître ce qui est vivant en elle dans de pareille circonstance ?

Cependant, il peut m'arriver de n'avoir pas suffisamment d'énergie pour faire face à cette personne, ce sera peut-être pour moi l'occasion de dire à la personne en fonction des cas, que je comprends la peine qu'elle traverse et je suggère de remettre la conversation à un moment

---

[8]Extrait de l'intervention de Marshall B. Rosenberg lors du séminaire à Ecully du 8 au 11 septembre 2007.

où je serais plus ouvert. Et dans ce cas, je m'assure de tenir à mon engagement pour que la confiance reste. Toutefois, je peux tout simplement utiliser des phrases du genre : « quand tu agis ainsi, quel est ton intention ou ton objectif ? » ou bien « ton action, a pour but de ... », si l'intensité de sa colère n'est pas importante. De même, nous pourrions utiliser la méthode du Sphinx. Nous gardons notre calme, en étant bien ancré au sol et nous nous contentons de hocher la tête pour signifier que nous avons reçu le message. Et dans ce cas, c'est important que nous adoptions une posture respectueuse.

Avant de finir notre entretien de ce jour, j'aimerais que tu gardes aussi à l'esprit que derrière la colère se cachent des peurs personnelles par exemple la peur d'être insignifiant, de ne pas être à la hauteur, de ne pas être aimable ou gentil, ou encore des peurs interpersonnelles du genre peur du rejet de l'autre, de son regard, peur d'être humilié. Prendre conscience de cela te permet de mieux interagir avec l'autre.

Comment faire face à une personne agressive ?

En y réfléchissant, il peut m'arriver de ne pas vouloir parler lorsque cette personne est en colère, et cela pour plusieurs raisons. Comment pourrais-je réagir rapidement dans une telle situation ?

Ah oui ! Me répondit César. Comme je t'ai déjà dit, une personne en colère a besoin urgemment d'écoute, de reconnaissance, de respect. Donc, dans ce cas, je ne te recommande pas de lui interdire de se mettre en colère en lui disant par exemple : « Ne te mets pas en colère ! », ce qui ne fera qu'augmenter sa colère, surtout que tu sais que si elle est en colère, c'est probablement que la situation qu'elle vit ne lui convient pas. Au lieu de cela, tu pourrais lui demander directement : « Quelle changement tu souhaites actuellement ? » ou encore « Que veux-tu de manière concrète ? ». Ce questionnement énoncé dans une attitude de calme et de respect pourrait générer un effet d'apaisement puisqu'il se sentira reconnu et écouté.

C'était un moment très riche, il était temps pour moi de faire avec lui quelques mises en scène. Ainsi s'achevait notre rendez-vous de ce jour-là.

Exercice pratique 13 : Rappelle-toi d'une situation dans laquelle tu étais en face d'une personne agressive. Identifie : son observation, son sentiment, son besoin et sa demande. Fais de même pour toi (ton observation, ton sentiment, ton besoin et ta demande). Quel était le problème ? Propose deux ou trois stratégies possibles pour satisfaire vos besoins mutuels.

Chapitre 14

L'expression de la colère selon le sexe, la culture...

« Toute chose a deux prises, l'une par laquelle on peut la porter, l'autre par laquelle on ne peut pas la porter. Si ton frère te lèse, ne prends pas la chose par la prise "il m'a fait injure" mais plutôt par la prise "c'est mon frère nourrir avec moi". » Epictète

Mes séances d'accompagnement tendaient déjà vers la fin. J'étais satisfait de mes progrès et je rêvais de voir la gestion des émotions enseignée dès la petite enfance. Si les émotions jouent un rôle fondamental dans notre développement, pourquoi ne sont-elles pas intégrées aux programmes éducatifs ? Lorsqu'on découvre quelque chose d'aussi précieux, on se demande souvent pourquoi c'est inaccessible au plus grand nombre. Et, face aux ravages que la colère provoque dans notre société, pourquoi ne faisons-nous pas de son apprentissage une priorité éducative ? C'est avec ces réflexions en tête que je rejoignis César à notre rendez-vous.

Après les courtoisies d'usage César a commencé par rappeler le thème ainsi qu'il suit :

Aujourd'hui nous allons parler de la perception de la colère dans les différents contextes culturels. Comme tu le sais par ton vécu, une société donnée influence la façon dont les émotions seront exprimées, et dans ce cas particulier, nous parlons de la colère. Quand nous avons parlé des croyances, tu te souviens que dans certaines cultures, par exemple en Afrique, l'enfant n'avait pas le droit de manifester ouvertement sa colère aux adultes, et encore moins si c'est l'un de ses parents. De même, c'est rare de voir une femme manifester ouvertement sa colère à son mari. Aujourd'hui avec l'émancipation des nouvelles générations, cela change. Cependant, quelle que soit la société, l'éducation nous amène à croire qu'il y a des émotions autorisées et des émotions interdites. C'est pourquoi par exemple lorsqu'une émotion est interdite à une tranche de la société, celle-ci va générer des attitudes anti-émotions telles que le déni, la peur, la honte, la culpabilité, le recadrage, etc. C'est le cas avec les enfants qui, sous la pression parentale peuvent ressentir la colère : n'ayant pas l'occasion de l'exprimer, par peur d'être exclus du cercle familial ou de recevoir une punition, ils vont refouler leur colère. Malheureusement, cela conduira probablement plus tard à des angoisses et autres dépressions. En effet, derrière l'angoisse ou la violence se cachent souvent des colères comprimées, des peurs niées ou cachées, des frustrations accumulées. Malheureusement, c'est une attitude qu'encourage notre culture sans forcément le savoir.

Oh oui, on constate souvent que beaucoup de gens, à travers leur socialisation, apprennent à refouler leur colère, à la nier, à l'éviter ou même à la fuir. Cela peut entraîner un malaise physique ou psychologique qui, avec le temps, peut avoir de graves conséquences sur leur santé. En apprenant à gérer les émotions dès le plus jeune âge, nous contribuons à former une société plus responsable et bienveillante.

Je voudrais te donner un exemple qui montre que derrière la colère se cachent souvent la tristesse, la culpabilité et la peur.

Imaginons par exemple que tu ne retrouves pas un objet après avoir cherché plusieurs fois. Tu te rappelles que tu l'avais laissé à la maison. Tu fouilles pendant plusieurs heures sans succès. Puis tu commences à te rendre compte qu'il est probablement perdu, bien que ta femme par exemple cherche avec toi. Subitement, tu deviens agressif, accuse les personnes de la maison de toucher à tes choses, soi-disant qu'elles mettent de l'ordre. Tu hausses le ton et menaces de les punir. Tu entres alors dans un bouillonnement intérieur et la colère s'installe. Tu commences à dire des choses dans tous les sens, qui n'ont rien avoir avec l'objet perdu. Voilà un nouveau conflit qui naît. As-tu déjà vécu une scène semblable ?

Si l'on s'en tient aux informations que nous donnent les émotions, la tristesse est l'émotion qui apparait lorsque nous avons perdu un objet ou quelqu'un. En effet, le déclencheur de la tristesse est la perte, la séparation. Tu t'en souviens n'est-ce pas ?

Oui, je m'en souviens. Et à ce moment notre comportement habituel est le repli sur soi. La tristesse signifie que nous avons un besoin de réconfort.

En effet, c'est ça. Je vois que tu as bien gardé en mémoire cela. Et dans notre cas précis, une personne de la maison pourrait bien l'offrir. Tu pourrais bien pleurer afin de manifester ta tristesse et recevoir le réconfort dont tu as besoin. Malheureusement, tu te trouves en train d'exprimer de la colère. Cela voudrait dire que nous sommes dans le racket émotionnel (le fait d'exprimer une émotion à la place d'une autre). Or le déclencheur de la colère c'est un obstacle, ce qui nous pousse à réagir en ayant un comportement d'attaque. La colère signifie que nous avons un besoin d'être entendu ou de réparation ou de changement qui n'est pas comblé. Dans ce cas précis où tu as perdu ton objet, il n'y a pas d'obstacle qui se dresse devant toi. Personne ne se met comme obstacle et encore moins l'objet perdu. Parce que tu ne veux pas ou ne peut pas pleurer ou être triste, par habitude, tu te mets en colère. Tu attaques, tu accuses. L'expression de la colère est donc un racket émotionnel.

Si malheureusement, les personnes à qui tu t'adresses ne sont pas équipées pour reconnaître cela et t'apporter le réconfort dont tu as besoin, elles vont rejeter ton émotion, puisqu'elle n'est pas justifiée et pourront se défendre en attaquant et parfois même en tombant dans l'autoaccusation ou la culpabilité. Dans cette situation, nous aurons deux personnes en souffrance. Toi, qui essaies de te débrouiller seul, et les autres, pris dans la culpabilité ou l'autoaccusation. Le conflit s'enlise, car il repose sur des accusations injustes et des émotions mal exprimées.

Par contre, si l'autre est mieux équipé, cette personne pourra t'aider à accueillir ta tristesse, à la reconnaître, puis à faire le deuil. Même si nous avons du mal à la reconnaître, l'autre peut même la manifester pour nous, et dans l'effet miroir cela pourra nous soutenir et nous aider à vivre cette émotion.

Derrière la colère, se cache souvent la culpabilité et un déni de la réalité. Nous cherchons à rejeter la responsabilité sur l'autre. Cette expérience est la même quand il s'agit de la peur. Et cela se vérifie très souvent avec les hommes. Parce que la société n'apprend pas aux hommes à exprimer leur peur ou à la reconnaître, cette peur peut bien se transformer en colère. Nous avons beaucoup d'exemples de parents qui face à l'incapacité et la peur de ne plus prendre en charge la famille suite à des difficultés professionnelles, vont l'exprimer sous forme d'actes agressifs à la maison.

En résumé, je te dirais qu'en fonction de notre culture ou éducation, nous aurons parfois des attitudes inadéquates, parce que l'expression de la colère ne sera pas admise ou encore notre interlocuteur aura du mal à accueillir notre colère. Je vais partager avec toi un extrait du livre de Daniel Chernet[9], qui présente les réponses sociales inadéquates les plus fréquentes :

---

[9]Daniel CHERNET. Colère, peur, tristesse, joie : coacher les émotions, Ed Groupe Eyrolles, 2016, P. 150.

- Les attitudes de soumission, de fuite, de justification : « Ce n'est pas moi qui m'en occupe, je n'étais pas là, je ne sais pas de quoi il s'agit, je n'ai pas pu faire autrement, c'est la faute d'un autre. »

- La demande de calme : « Calme-toi. » Cela peut fonctionner si la personne est dans une forme de violence verbale qu'on n'est, bien sûr, pas obligé de supporter. Dans ce cas, il faut le dire avec fermeté et assurance. Face à une colère justifiée, il y a de grandes chances que le ton monte.

- L'escalade, réponse agressive, surenchère : « Moi aussi je peux me mettre en colère. »

- Le mépris : « Tu n'as pas honte de te mettre en colère. »

- Le rejet, l'exclusion, la rupture du lien : « Je ne te parlerai pas tant que tu seras en colère. »

- La culpabilisation : « Tu me fais de la peine, tu me blesses en me disant ça. »

- La minimisation de la colère : « Ce n'est quand même pas si grave ; il y en a qui ont plus de soucis que toi. »

Ce jour notre entretien était passionnant et il était question pour moi de mieux comprendre cette question dans mon environnement.

Exercice pratique 14 : Partage ton expérience de l'expression de la colère dans ta culture.

Chapitre 15

Transformer une habitude

« Toute notre vie n'est qu'une accumulation d'habitudes. » William James

César et moi avions déjà fait un long parcours. Il m'incitait très souvent à faire de la gestion de la colère une habitude de vie. Et ce jour-là, il allait me montrer comment j'allais développer cette compétence par le processus de changement d'habitudes. Évidemment, notre parcours jusqu'ici consistait en cela. Sauf, qu'ayant lui aussi fait de la gestion de la colère une habitude de vie, il voulait par un processus clair m'emmener à faire de même.

Colbert, je voudrais qu'on parle principalement de la transformation d'une habitude tout au long de cette séance a-t-il commencé.

Tu pourras l'appliquer à d'autres aspects de ta vie. C'est vraiment fantastique quand tu mets en place des habitudes qui t'aident à accomplir ton but dans la vie. Comme tu le sais déjà, de notre lever au coucher, nous avons un ensemble de routines que nous faisons presque de manière automatique. Ces routines sont des habitudes. Une habitude est un comportement que l'on répète régulièrement et de manière à moitié mécanique, ou sans en avoir tout à fait conscience. Plus tu répètes un comportement, plus il devient comme naturel. Je me rappelle comment ça été pénible pour moi de faire du brossage des dents une habitude le soir. Fort heureusement, je suis arrivé à le faire. C'est presqu'une routine pour moi. Dès que je finis avec le journal télévisé le soir, je file me brosser les dents. Avant, j'attendais le moment d'aller me coucher pour le faire, mais il m'arrivait souvent, suite à la fatigue, d'abandonner car cela devenait très lourd pour moi.

T'es-tu déjà questionné sur tes habitudes ?

Oui ! Cela m'arrive, même si c'est rare. Si je regarde ma vie de manière générale, il y a des activités qui me poussent à réfléchir, comme planifier ma journée, travailler sur un dossier au boulot, faire des exercices physiques le samedi. Par contre, il y en a que je réalise sans réfléchir, c'est presque automatique. Par exemple, manger, prendre ma douche, me rendre au boulot, passer 1 à 2 heures devant la télévision le soir après le boulot.

Je comprends. En matière d'habitudes, et plus particulièrement sur la gestion de la colère, nous allons modifier nos anciennes habitudes de colère en les remplaçant par de nouvelles. Comme je le disais, c'est ce que tu as fait depuis le début de ce programme. S'il est difficile d'éradiquer une mauvaise habitude, il est plus évident de la modifier ; surtout que notre cerveau ne fait pas la différence entre une bonne ou une mauvaise habitude. C'est donc à toi de construire les habitudes que tu veux, de sortir de ton conditionnement déjà automatique, qui est source de souffrance actuellement.

Il y a quelques mois, j'ai fait beaucoup de recherches sur le changement d'habitudes. Cela m'a permis de faire mes expériences. Puisque nous voulons travailler sur les habitudes, il est important de comprendre leur mode de fonctionnement. Comment changer quelque chose que je ne connais pas ? Comment fonctionne donc une habitude ? Charles Duhigg, dans son livre intitulé « Le pouvoir des habitudes – Changer un rien pour tout changer » parle du fonctionnement des habitudes à travers ce qu'il appelle la boucle de l'habitude à savoir : signal – routine – récompense. Il précise que pour que cette boucle fonctionne, il faut le désir ou l'envie. C'est en effet ce dernier élément qui va entretenir la boucle. Ainsi, si tu veux modifier une habitude, il faut conserver le même signal et offrir la même récompense, mais insérer une nouvelle routine entre les deux. Modifier une habitude revient donc à changer la routine. Tu vois que jusqu'ici, tu ne réagis plus de la même manière quand tu es en colère. Cela voudrait bien dire que tu as développé de nouvelles habitudes.

Tout à fait, lui disais-je. Mais, je suis intéressé à ce que tu poursuives ton explication, car j'ai l'intention de l'appliquer à d'autres aspects de ma vie comme tu me l'as recommandé.

Je disais donc que comprendre le fonctionnement d'une habitude c'est travailler sur la boucle : signal – routine – récompense et envie ou besoin comblé qui entretient la boucle. Cela n'est pas tout ! Si tu veux que le processus marche sur la durée, il est nécessaire d'avoir une conviction, c'est-à-dire de croire que les choses vont marcher. En effet, c'est cette conviction qui constituera le moteur essentiel du changement. De même, cette conviction sera davantage renforcée quand tu appartiendras à une communauté de personnes qui veulent le même changement. Tu peux faire ce constat avec ta propre expérience. Tu es très motivé à changer d'habitudes en matière de gestion de la colère parce que tu as mon soutien. Quand nous allons achever ce programme, il va falloir que tu intègres une communauté, même si vous n'êtes que deux personnes, pour maintenir cette conviction.

Par ailleurs, ces travaux sont aussi similaires à ceux de James Clear, toujours en matière de changement d'habitudes, qui parle également de quatre étapes à savoir : déclencheur – envie – réponse – récompense, lorsqu'il s'agit de la boucle de l'habitude. En effet, selon lui, le déclencheur provoque une envie, qui motive une réponse, qui offre une récompense, qui satisfait le désir, qui, finalement est associé au déclencheur. Voilà donc décrit la boucle de l'habitude. C'est un peu plus clair pour toi ?

J'aimerais bien que tu illustres cela avec un exemple concret sur la gestion de la colère, pour que je comprenne bien là où tu veux en venir.

C'est ce que je m'apprêtais à faire. Mais avant, qu'on soit dans un schéma : signal – routine – récompense – envie ou dans un schéma : déclencheur – envie – réponse – récompense, c'est la même chose. L'important c'est de garder en tête qu'un changement d'habitude intègre toutes ces étapes. Pour qu'on parle d'habitude, tous ces éléments doivent être considérés. Pour notre exemple. Imaginons un homme, Cédric, ayant la quarantaine, marié et père de quatre enfants. Il a du mal à apprivoiser sa colère comme cela a été le cas pour toi au début de notre programme. Il décide de travailler sur son habitude d'exploser de colère en famille. Régulièrement, de retour du travail, il trouve la maison pas propre et pas du tout rangée. C'est une situation qui le fait sortir de ses gongs. Il trouve cela inadmissible et se met à menacer et critiquer les membres de la famille, et plus particulièrement sa femme pour que ces derniers mettent de l'ordre et la propreté. Par quoi doit-il commencer ?

Beuh ! J'imagine qu'il doit déjà commencer par identifier par exemple la routine comme dit précédemment. Il s'agit du comportement que ce monsieur veut changer. Et dans ce cas, c'est évident. Il s'agit pour ce monsieur, après avoir constaté que la maison n'est pas propre, ni rangée de retour du boulot, de proliférer des critiques, insultes et menaces sur sa famille afin que l'ordre et la propreté soient faits.

C'est ça ! Maintenant on va se poser d'autres questions : quel est le signal pour cette routine ? Il s'agit de penser au déclencheur.

J'imagine que c'est : de retour à la maison le soir, le fait de voir le sol rempli de saletés et les choses qui ne sont pas à leur place.

Tout à fait ! Voyons maintenant quelle est l'envie ou le besoin qui entretient cette boucle?

Est-ce le besoin de propreté et d'ordre ? Est-ce le besoin de considération et de respect? Est-ce l'exaspération de ne pas voir la situation changer? Prenons le cas où ce sont ses besoins de propreté et d'ordre.

Et maintenant, quelle en est la récompense ? Le contentement de vivre dans un espace agréable ? La joie d'être respecté et considéré dans ses besoins ? Voilà donc autant de questions sur lesquelles on va débattre. Jusqu'à ce niveau, est-ce compréhensible pour toi ?

Oui, je comprends. Surtout que j'ai vécu une pareille situation en famille. Ce n'est vraiment pas facile et pourtant un cadre propre et rangé participe à notre bonheur. On a bien envie de rester dans un espace agréable. Je me rappelle quand je vivais cela, surtout avec les enfants en bas âge, et que je me disais souvent : « C'est encore quelle merde ça ! Mon lieu de travail est plus agréable que la maison. Comment ne pas rester au bureau plus longtemps». Il a fallu une grande patience et un effort spécial de tous pour que nous transformions au mieux notre environnement. Heureusement que depuis ma petite enfance, ce sont les valeurs qui m'ont été enseignées. Bref, moi aussi j'ai explosé de colère, donc je comprends mieux cet exemple.

Continuons donc notre conversation. Nous venons d'identifier la routine. Qu'en est-il de l'expérience de la récompense ? Pour comprendre quelle envie alimente les habitudes, il est utile d'expérimenter différentes récompenses. C'est ici qu'on va adapter d'autres routines, jusqu'à ce qu'on ait identifié la meilleure routine qui nous offre la même récompense. Dans notre cas, on peut avoir les éléments suivants :

Signal : De retour à la maison le soir, le fait de voir le sol rempli de saletés, et les choses qui ne sont pas à leur place.

Routine 1 : Après avoir constaté que la maison n'est pas propre, ni rangée de retour du boulot, il prolifère des critiques, des insultes et des menaces sur les membres de sa famille pour que ces derniers mettent la propreté et l'ordre.

Récompense : Voir la maison propre et rangée.

Envie ou besoin : Contentement de vivre dans un espace agréable.

La boucle de remplacement est la suivante :

Signal : De retour à la maison le soir, le fait de voir le sol rempli de saletés, et les choses qui ne sont pas à leur place.

Routine 2 : Après avoir constaté l'état de la maison de retour du boulot, prendre un moment de respiration en gardant le silence pendant quelques secondes, puis manifester son mécontentement dans un ton calme et ferme, et inviter les personnes à mettre la propreté et à ranger la maison.

Récompense : Voir la maison propre et rangée.

Envie ou besoin : Contentement de vivre dans un espace agréable.

Tu pourras changer de routine jusqu'à ce que cela satisfasse tes besoins. Et c'est parce que nous avons cette récompense que nous allons reproduire la routine. Cet exemple est plus illustratif pour toi ?

Ah oui ! Maintenant, laisse-moi te donner un exemple pour être sûr que j'ai bien compris le processus de changement d'habitudes. Prenons le cas où je veux arrêter de me mettre en colère lorsqu'on me coupe la parole pendant les réunions de travail.

Déclencheur : lorsqu'on me coupe brusquement la parole alors que je n'ai pas fini de parler.

Envie ou besoin : me faire reconnaître et entendre.

Réponse 1 : Je ravale ma colère. Je ne parle plus. Je pense à comment le mal pourrait lui arriver. Et je dis à l'autre comment il est irrespectueux.

Récompense : Je me sens reconnu et entendu (besoins nourris).

En changeant cette habitude, j'ai les éléments suivants :

Déclencheur : Lorsqu'on me coupe brusquement la parole alors que je n'ai pas fini de parler.

Envie ou besoin : me faire reconnaître et entendre.

Réponse 2 : Je prends un moment d'inspiration, je me dis : on vient de me couper la parole, je me sens frustré parce que j'ai besoin d'être entendu et reconnu. Après un moment je vais demander à nouveau la parole et continuer à participer à la réunion. Ensuite je me force d'entendre celui qui parle.

Récompense : Je me sens reconnu et entendu (besoins nourris).

J'apprécie cet exemple. N'oublies pas qu'un élément très important reste ton environnement. C'est à toi de modifier ton environnement afin qu'il t'aide à mettre en place de nouvelles habitudes.

J'étais content de ce progrès. J'avais compris le processus de changement d'habitudes. César et moi avions décidé de prendre un verre ensemble, ce qui n'était pas habituel. Je comprenais que nous arrivons déjà à la fin de notre programme.

Exercice pratique 15 : Changer ses habitudes.

1. Précise tous les facteurs déclenchants de ta colère.

2. Rappelle-toi d'une scène dans laquelle tu étais en colère. Quel est le signal ? Quelle est l'envie ? Quelle est la routine ? Quelle est la récompense ?

3. Pour l'exemple ci-dessus, remplace la routine par une nouvelle routine.

4. Fais l'ancien schéma de ton ancienne habitude, puis fais le nouveau schéma de ta nouvelle habitude.

CONCLUSION

« Les gens sont troublés non par les choses, mais par l'image qu'ils s'en font. » Epictète

J'avais passé quelques mois en compagnie de César. Il était temps de mettre un terme à nos rendez-vous d'accompagnement et de formation. Le temps était venu pour moi de continuer seul le chemin, qu'ensemble nous avons tracé. Nous avons décidé que je pourrais toujours avoir recours à lui en cas de besoin, mais qu'il serait surtout bénéfique pour moi de transmettre cela à d'autres personnes, afin de toujours garder cette flamme allumée.

Colbert, nous allons avoir un dernier échange qui nous permettra de revenir sur les points forts de notre aventure dans la gestion de la colère. Comment faire de la colère une alliée, la transformer en une énergie positive au service de la vie ?

Comme je te l'ai dit tout au long de notre accompagnement, en tant qu'émotion, ressentir de la colère est inévitable. Face à un obstacle qui se dresse devant moi entre une situation vécue et la situation désirée, associé à ma difficulté à accepter la frustration, la colère va se déclencher. Cependant, je t'invite à garder en mémoire que nous avons toujours le choix de ce que nous ferons d'elle, même si ce n'est pas quelque chose d'habituelle. Si la colère peut être déclenchée suite à un dommage que tu as subi, à une atteinte à ton intimité, face à une injustice ou une déception, elle est toujours causée par nos pensées (jugements, reproches...) sur l'autre ou nous-même. En effet, c'est dans mon dialogue intérieur que la colère est entretenue. Et comme je te le disais, la colère en soi n'est qu'un signal d'alarme nous disant qu'il y a des besoins précieux insatisfaits et qu'il est urgent que nous y prêtions attention. Ainsi, derrière la colère, peut se cacher par exemple des besoins d'écoute, de reconnaissance, de justice, de réparation, de respect (territoire physique et psychologique, temps, valeur, soi-même).

De même, si la colère nous pousse à demander du changement, à passer à l'action ou à attaquer, à aller contre, nous pouvons choisir de la mettre au service de la vie en l'exprimant pleinement ou sainement. La colère est une énergie puissante pour agir. Elle garantit notre identité et notre intégrité, et devient nécessaire pour protéger notre territoire, nos valeurs, ou maintenir un équilibre dans nos relations. En l'exprimant sainement, nous évitons les risques de violence, qu'elle soit physique ou psychologique, envers les autres ou nous-mêmes. Cependant, lorsque la colère n'est pas prise en charge, elle peut laisser place à la peur. On voit souvent des personnes développer cette peur après avoir réprimé leur colère, notamment face à une autorité, au point qu'un jour elles finissent par trembler dès que cette personne agit. Si la colère est souvent rattachée à la violence et a des effets néfastes pour notre santé physique et mentale, en l'exprimant sainement nous la mettons au service de la vie. Beaucoup de découvertes, d'inventions ou d'amélioration des conditions de vie dans les différents domaines (la santé, l'éducation, le transport, la communication, les droits de l'homme …) sont nées après que des individus en colère face à certaines situations, motivés par la passion ou le désir, aient décidé de changer leur environnement. Ainsi, en ne l'accumulant pas ou en n'agressant pas l'autre, nous choisissons de l'exprimer au fur et à mesure qu'elle arrive en observant quelques mesures de prudence. Nous prenons notre temps avant d'agir, nous créons de la distance face à l'événement en différenciant les faits des jugements, autrement dit l'événement déclencheur des pensées que nous mettons derrière ces faits. Puis en prenant conscience des besoins insatisfaits et des nouveaux sentiments qui vont émerger. C'est après ce temps d'écoute empathique de nous-même que nous pouvons faire une demande qui vise à satisfaire nos besoins, dans le respect de l'autre. Nous pouvons utiliser la méthode de la CNV ou autre pour l'exprimer sainement. Avec le temps, cela deviendra pour toi une habitude.

En travaillant à vider le vase avant qu'il n'explose ou implose, nous augmentons nos chances d'agir avec bienveillance. Te souviens-tu encore des quelques astuces que nous avons énumérées et qui te permettraient de garder la bonne humeur ou de moins t'énerver?

Ah oui ! Comment pourrais-je les oublier. Il s'agit par exemple de prendre le temps d'identifier les contrariétés ou frustrations quotidiennes et de voir comment nourrir ses besoins ou en faire le deuil. Nous pouvons aussi prendre conscience que nous sommes en colère et la verbaliser. En mettant des mots sur nos sentiments, nous diminuons son intensité avec la possibilité de retrouver le calme. Je citerai aussi pratiquer l'humour et le rire, c'est mon favori, car il est difficile d'être en joie et en colère au même moment. Il y a une chose que j'ai beaucoup expérimentée pendant cette phase d'accompagnement, il s'agit de changer son regard face aux situations et ne pas personnaliser les choses. C'est ainsi que j'ai renoncé à idéaliser les personnes ou le monde en général. Enfin, je dirais se détendre, pratiquer du sport ou une activité de plaisir, sans oublier la pratique de la gratitude.

Je suis très impressionné par la façon avec laquelle tu identifies ces éléments. Je vais compléter en disant que parfois, il te suffira juste d'accepter la limite de l'autre en tant qu'être humain, et peut-être reconnaître que notre besoin ne peut être satisfait à ce moment, ce sera l'occasion de pardonner à l'autre et d'aller de l'avant vers la paix.

Je termine notre échange d'aujourd'hui en te recommandant de garder en tête l'équation de la colère : Colère = Stress douloureux + Pensées (jugements, reproches) ou encore Stress douloureux + Pensées (jugements, reproches) = Colère.

Aujourd'hui, j'exprime à César ma gratitude pour cet accompagnement qui m'a transformé, et dont je suis convaincu qu'à force de continuer à pratiquer, je vais davantage me retrouver dans l'expression saine de la colère. Conscient que c'est un petit pas à la fois, je ne suis plus dans la culpabilité s'il m'arrive d'inhiber ou d'exploser, je reconnais ma fragilité et je recommence. Je suis fier d'oser exprimer ma colère et d'avoir acquis des compétences pour faire face à quelqu'un d'agressif. J'aimerais davantage transmettre cela à ma famille, ainsi qu'à mon entourage. Je remercie ma famille qui m'a aussi beaucoup soutenu dans ce programme.

Enfin, en écrivant ces pages, c'est aussi une façon pour moi de suivre la recommandation de César, transmettre à un grand nombre ce que j'ai appris. Puisse cette lecture t'apporter aussi à toi mon cher lecteur / ma chère lectrice, quelques clés pour mieux gérer ta colère, pour l'exprimer pleinement, avec calme et bienveillance, dans le respect de tes besoins et de ceux de l'autre ; et pour faire face à des personnes qui sont en colère en toute tranquillité.

Exercice pratique : Je me transforme et transforme ma communauté.

Maintenant que tu as achevé la lecture de ce livre :

1. Fais-toi un petit résumé sur la colère.
2. Quels sont les points sur lesquels tu aimerais continuer à travailler ce mois ? cette année ?

3. Sur qui vas-tu compter pour t'aider à faire ton propre cheminement ?
4. Choisis 2 à 5 personnes à qui tu parleras régulièrement de la gestion de la colère, parfois de tes nouvelles découvertes pour les inciter à expérimenter aussi la gestion de la colère.
5. Célèbre tes efforts et les résultats obtenus.

BIBLIOBRAPHIE

ANSEMBOURG Thomas d', Cessez d'être gentil, soyez vrai ! Etre avec les autres en restant soimême, Ed. de l'Homme, Montréal, 2001.

BACKUS William & CHAPIAN Marie, Bien se connaitre pour mieux vivre, Ed. Empreinte, Besançon, 1988.

CHERNET Daniel, Colère, peur, tristesse, joie : coacher les émotions, Ed. Groupe Eyrolles, Paris, 2016.

CLEAR James, Un rien peut tout changer ! Micro-actions, méga-impact..., Ed. Larousse, 2019.

DEBERANT Nathalie, MULLER Jean-Louis, PORTANERY Emmanuel, TOURNIER Catherine, Transformez votre colère en énergie positive ! Poser les limites et se faire respecter, Ed. Groupe Eyrolles, Paris, 2013.

DUHIGG Charles, Le pouvoir des habitudes – Changer un rien pour tout changer, Ed. Flammarion, 2016.

LEU Lucy, Manuel de Communication NonViolente (Guide d'exercices individuels et collectifs), Ed. La Découverte, Paris, 2005, 2016.

MONOD Michel, Aimez vos ennemis (Traité de communication pacifique et non-violente et pas à pas vers la paix : descriptif du cours), Ed. L'Harmattan, Paris, 2006.

PETITCOLLIN Christel, Emotions, mode d'emploi, Ed. Jouvence, Saint Julien en Genevois, 2003.

ROSENBERG B. Marshall, Les mots sont des fenêtres (ou bien ce sont des murs), Ed. La Découverte, Paris, 2002, 2005.

ROSENBERG B. Marshall, Les ressources insoupçonnées de la colère - Approche de la Communication NonViolente, Ed. Jouvence, 2012.

THALMANN Yves-Alexandre, Petit cahier d'exercices pour vivre sa colère au positif, Ed. Jouvence, Saint Julien en Genevois, 2014.